Jens

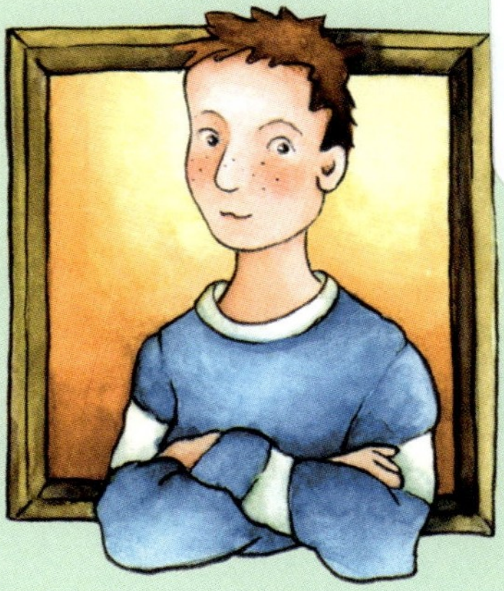

kann ab und zu etwas trotzig sein, ist aber ganz bei der Sache, wenn es darauf ankommt.

Lisa

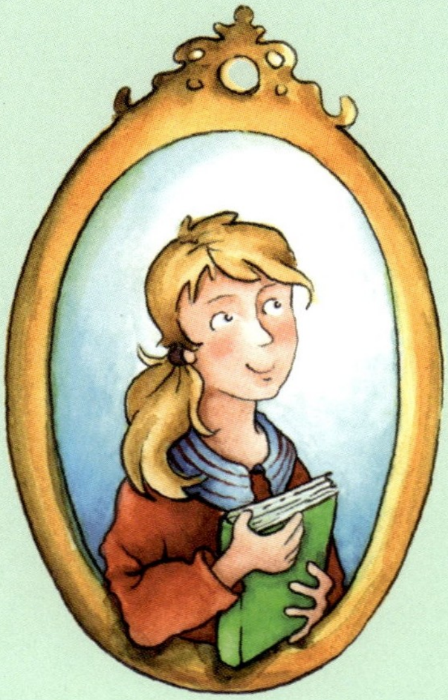

zeigt gern, was sie alles weiß, und ist auch als beste Freundin unschlagbar.

Benni

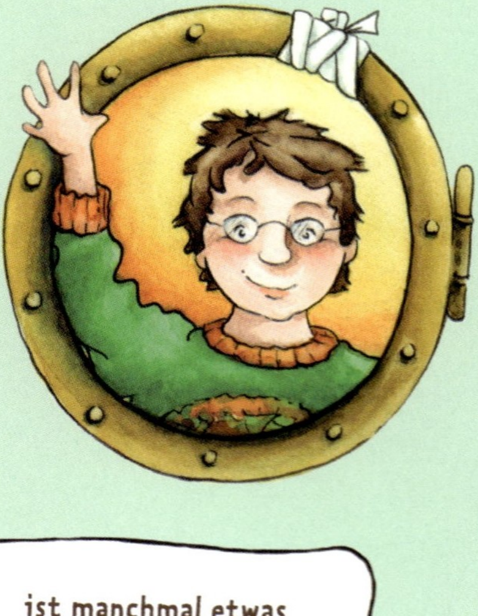

ist manchmal etwas ungeschickt, hat dabei jedoch immer gute Laune.

Wir gehen ins Museum
A Visit to the Museum

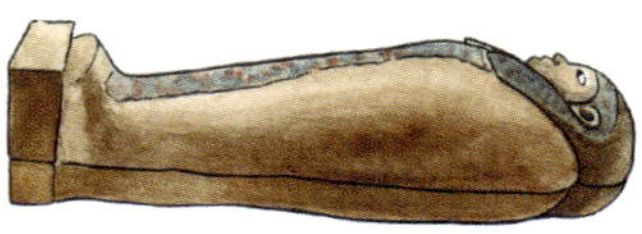

Die Deutsche Nationalbibliothek verzeichnet diese Publikation in der Deutschen Nationalbibliografie; detaillierte bibliografische Daten sind im Internet über http://dnb.ddb.de abrufbar.

BiLi – Zweisprachige Sachgeschichten für Kindergarten- und Grundschulkinder in der Kollektion OLMS junior

www.olms-junior.de

Illustrationen: Katja Kiefer
Übersetzung ins Englische: Pauline Elsenheimer
Englisch-Lektorat: Faith Clare Voigt
Gesamtgestaltung: Rafaela Nimmesgern, Hamburg
Druck und Bindung: Himmer AG, Augsburg

Printed in Germany

ISBN 978-3-487-08832-7

Wir gehen ins Museum
A Visit to the Museum

Roland Mörchen

Illustrationen von
Katja Kiefer

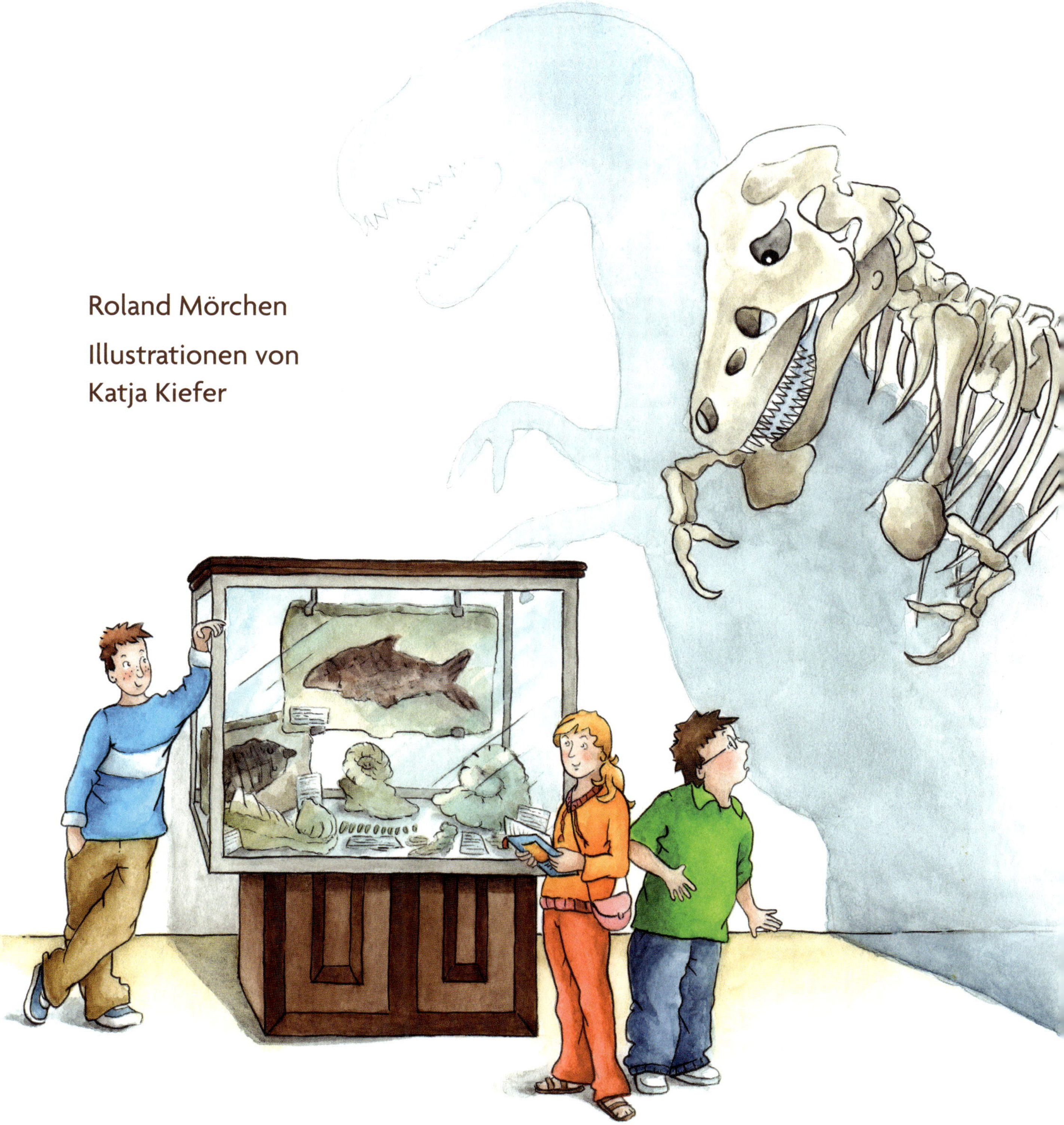

OLMS

Nach Schulschluss gingen Lisa, Jens und Benni aus der Klasse 5b gemeinsam nach Hause. Sie wohnten in demselben Stadtteil, Lisa und Jens in der Beethoven-Straße und Benni etwas weiter am Schubert-Platz. Jens kickte wütend eine Blechdose. Sie knallte scheppernd gegen eine Mauer.
„Warum wir?“, schimpfte er.
„Was meinst du?“, fragte Benni.
„Frag nicht so dumm! Warum müssen wir drei das Referat über Museen halten?“
„Immer meckerst du herum!“, grollte Lisa. „Den Teil zur Geschichte nehme ich euch doch ab.“
Lisa war in allen Fächern gut, in Geschichte ganz besonders.

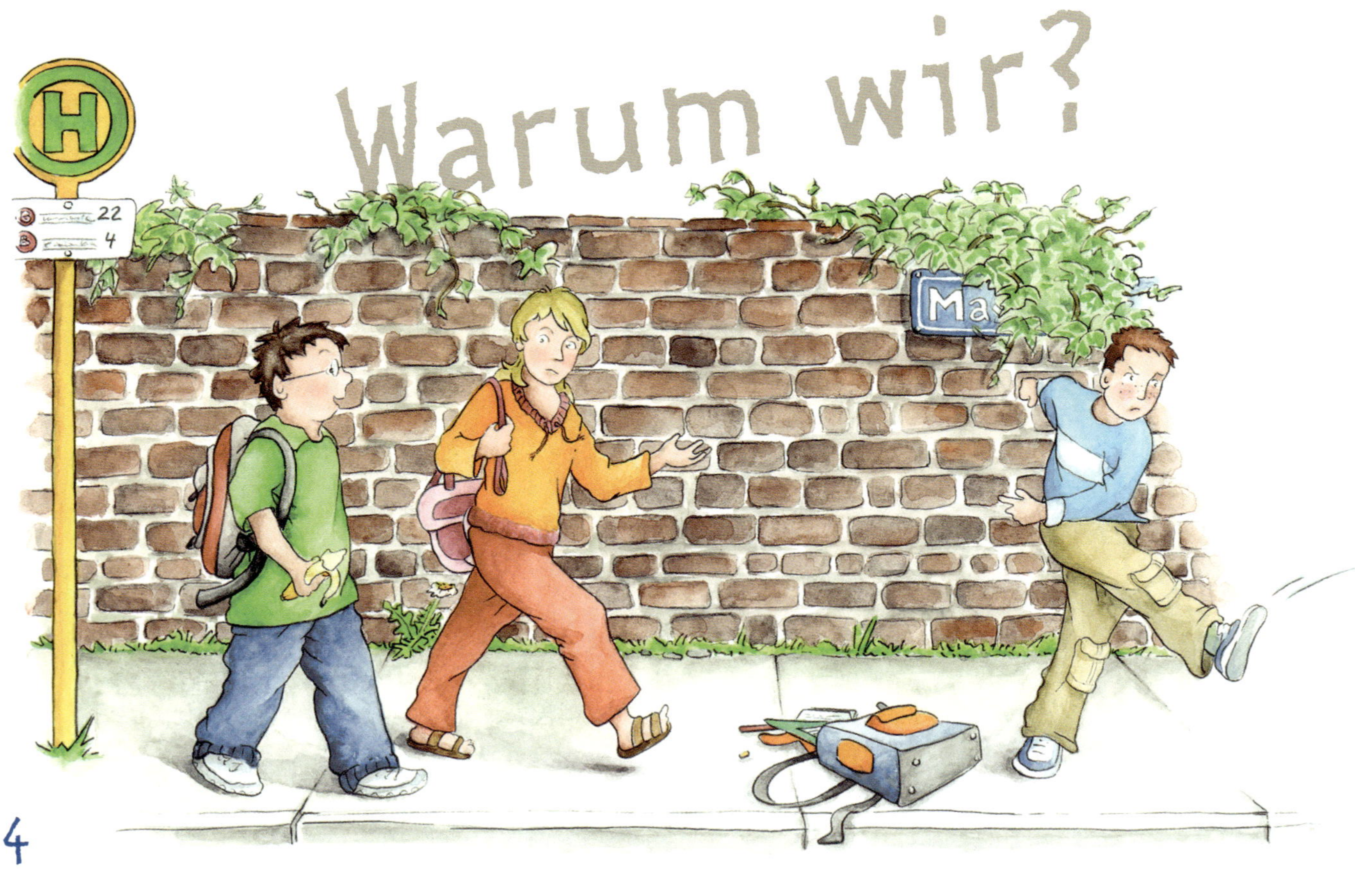

The talk about museum

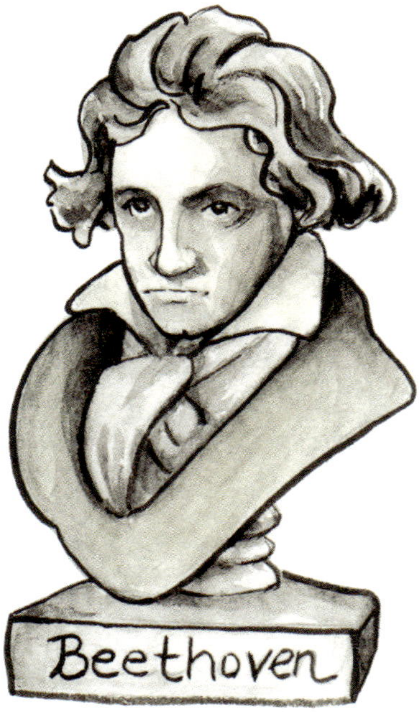

After school was over, Lisa, Jens and Benni from Class 5b went home together. They lived in the same part of town; Lisa and Jens in Beethoven Street and Benni a little further on in Schubert Place. Jens was kicking a tin can. He was angry. The can slammed with a clank against a wall.

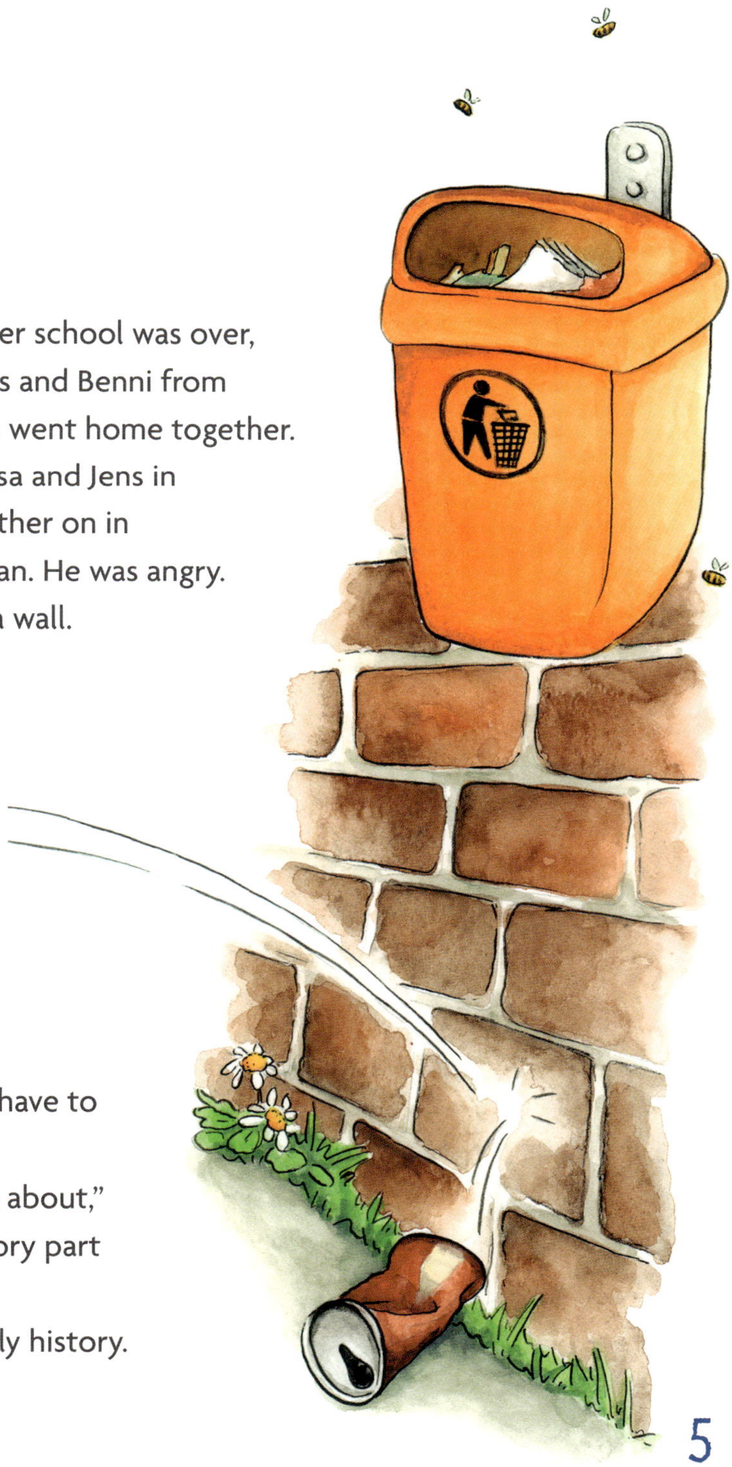

"Why us?" he railed.
"What do you mean?" asked Benni.
"Don't be so stupid! Why do we three have to give the talk about museums?"
"You've always got something to moan about," grumbled Lisa. "I've said I'll do the history part of it for you."
Lisa was good at all subjects, particularly history.

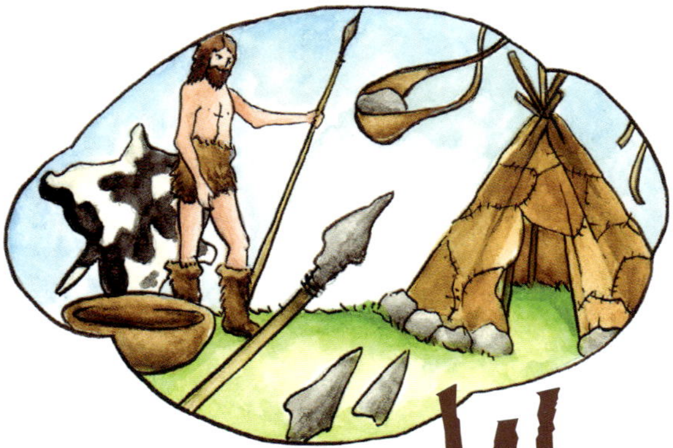

Wusstet ihr, dass es viele Arten von Museen gibt?“, fragte Lisa. „Im Museum für Völkerkunde kann man sehen, wie Menschen lange vor unserer Zeit lebten. Im Kunstmuseum hängen Bilder berühmter Maler. Im Stadtmuseum zeigt man Kleider, Spielzeug, Töpfe und Möbel aus der Vergangenheit unserer Stadt.“
„Na und?“, maulte Jens.

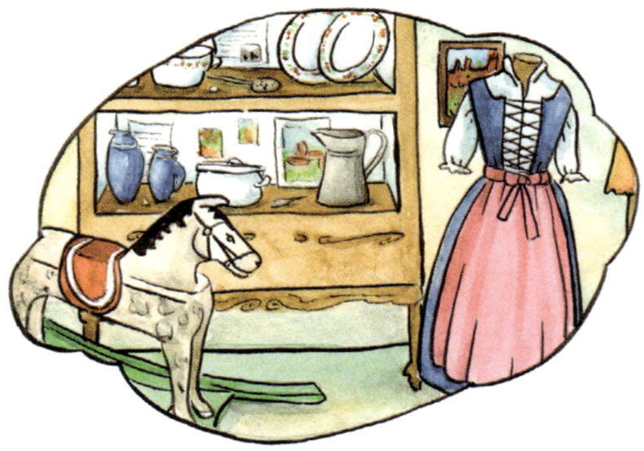

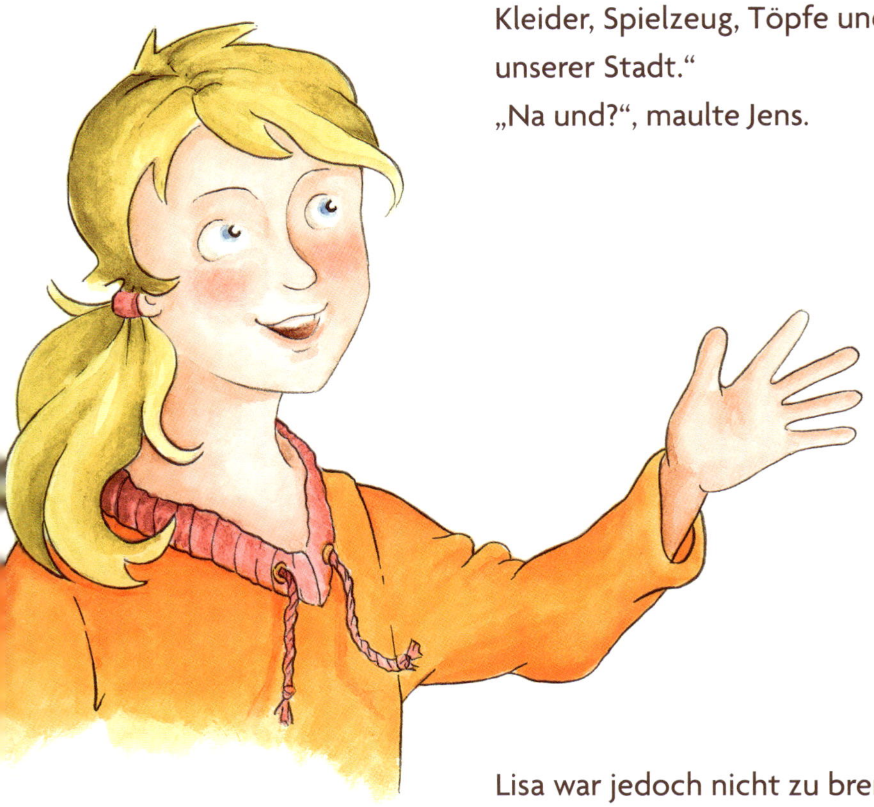

Lisa war jedoch nicht zu bremsen: „In den vergangenen Jahrhunderten sammelten die Leute alle möglichen Gegenstände, die ihnen wertvoll erschienen: alte Gemälde, Statuen, Schmuck, Puppen oder Kunsthandwerk. Daraus entstanden allmählich unsere heutigen Museen.“

Na und?

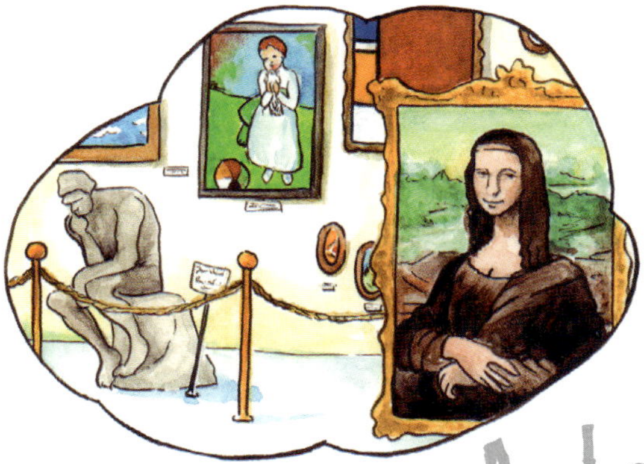

A long time ago

Did you know that there are many types of museums?" Lisa asked. "In the ethnology museum you can see how people used to live a long time ago. In the art museum there are pictures that have been painted by famous artists. In the local history museum they show the clothes, toys, cooking pots, jewellery and furniture from our city's past."
"So what?" griped Jens.

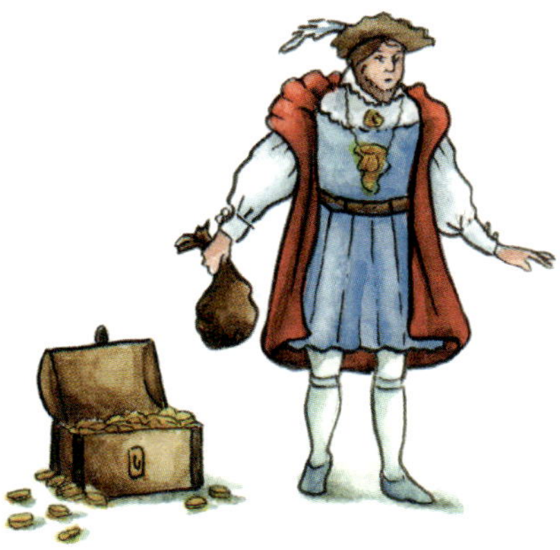

But there was no stopping Lisa:
"In earlier times people used to collect all sorts of items that seemed to them to be valuable: old paintings, statues, jewellery, dolls or handicraft. And that was how the museums we have today actually started."

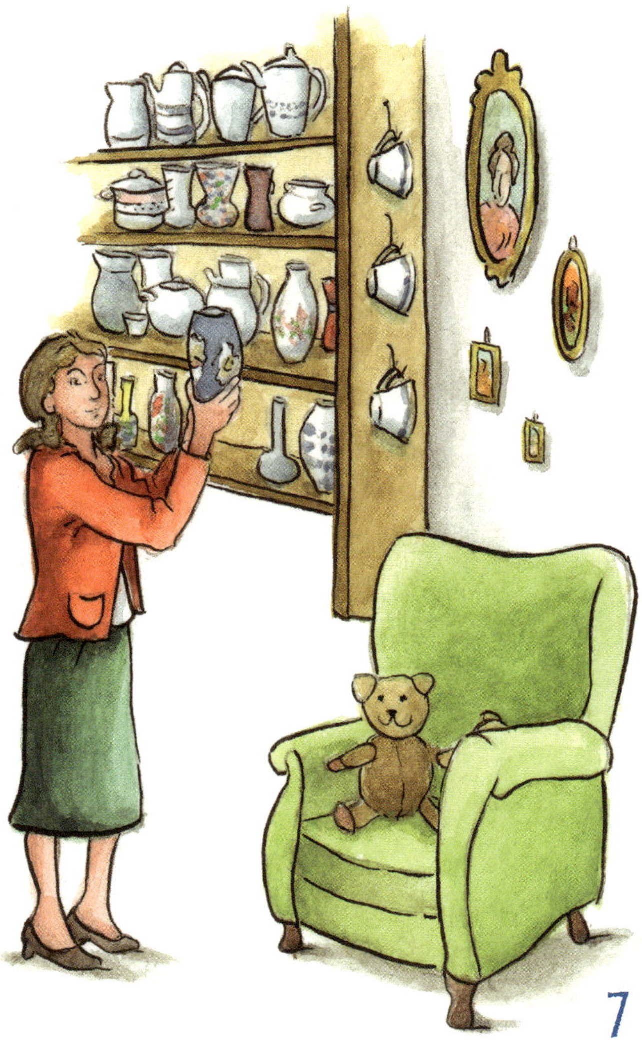

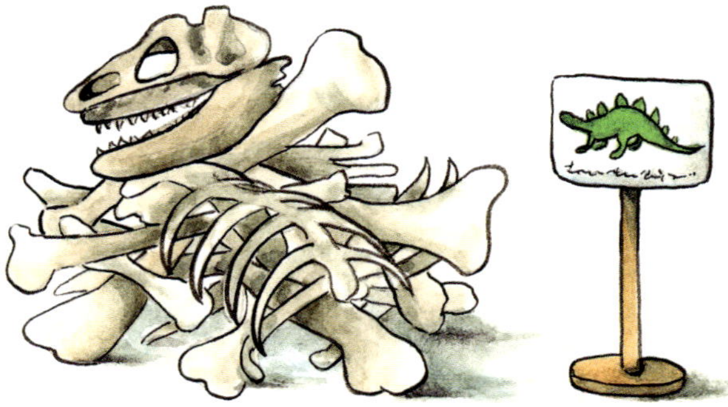

„Warum besuchen wir nicht das große Museum am Humboldt-Platz?“, schlug Benni vor.
„Eine gute Idee!“, pflichtete Lisa bei. „Auf ins Naturhistorische Museum!“
„Das kostet aber Eintritt“, gab Jens zu bedenken.
„Bekommst du kein Taschengeld?“
„Klar habe ich Taschengeld. Aber das werfe ich nicht fürs Museum raus!“
„Sei kein Spielverderber, Jens“, bat Benni. „Schüler bezahlen weniger als Erwachsene. Ich war schon einmal mit meinem Vater dort. Da gibt es riesige Knochen von Dinosauriern.“

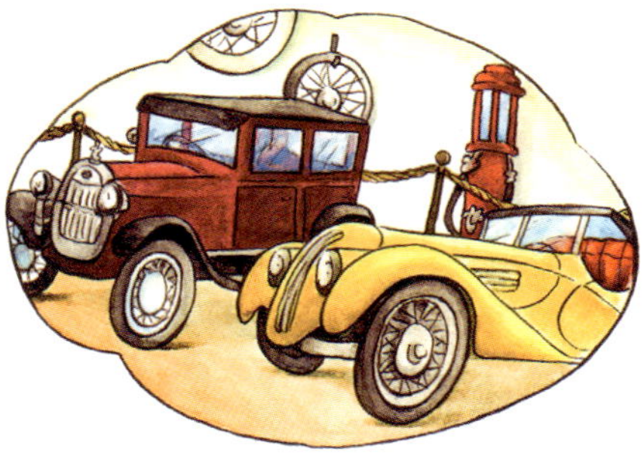

„Alte Autos wären mir lieber als alte Knochen.“
„Es gibt hier aber kein Auto-Museum“, wusste Lisa. „Wir treffen uns also heute Nachmittag um drei Uhr vor dem Naturhistorischen. Abgemacht?“

Abgemacht?

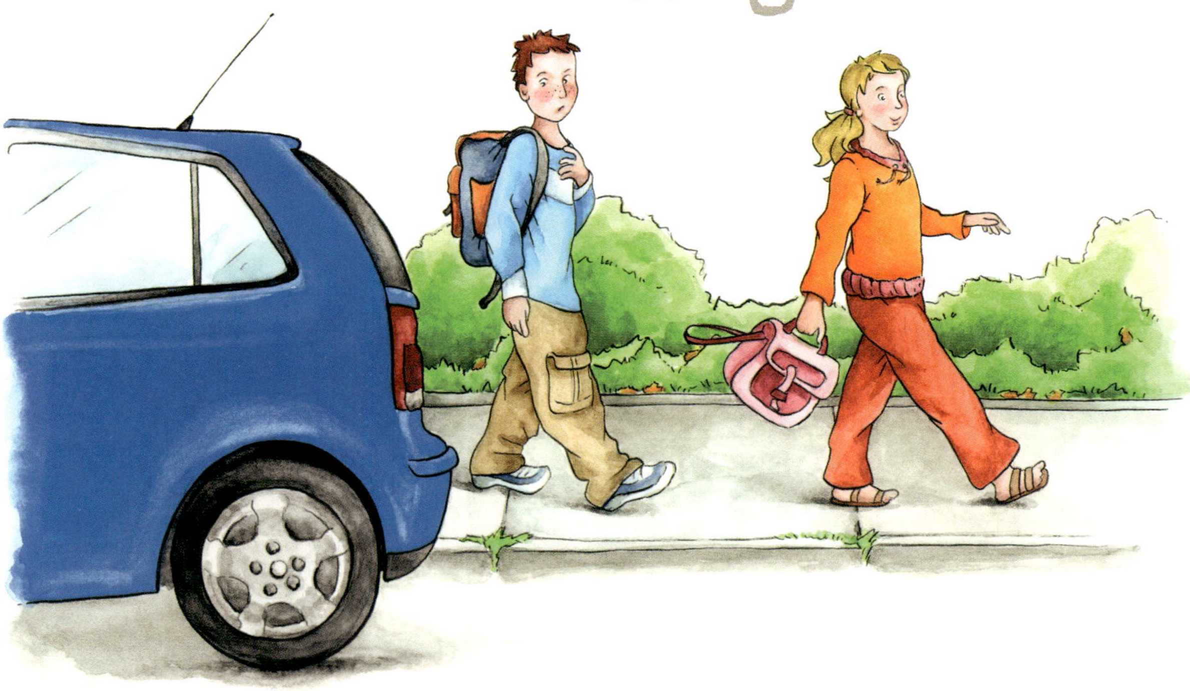

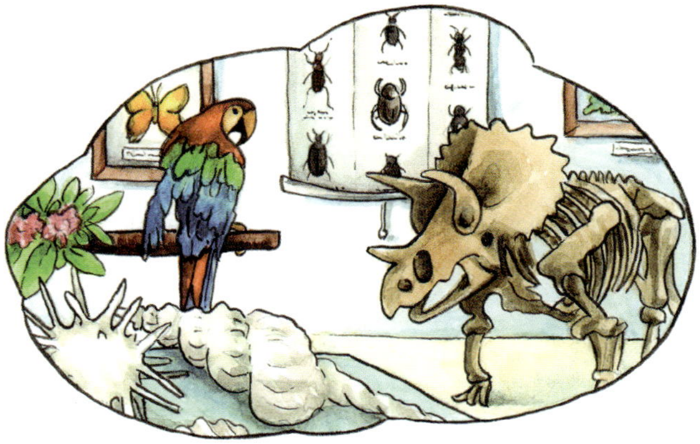

A good idea!

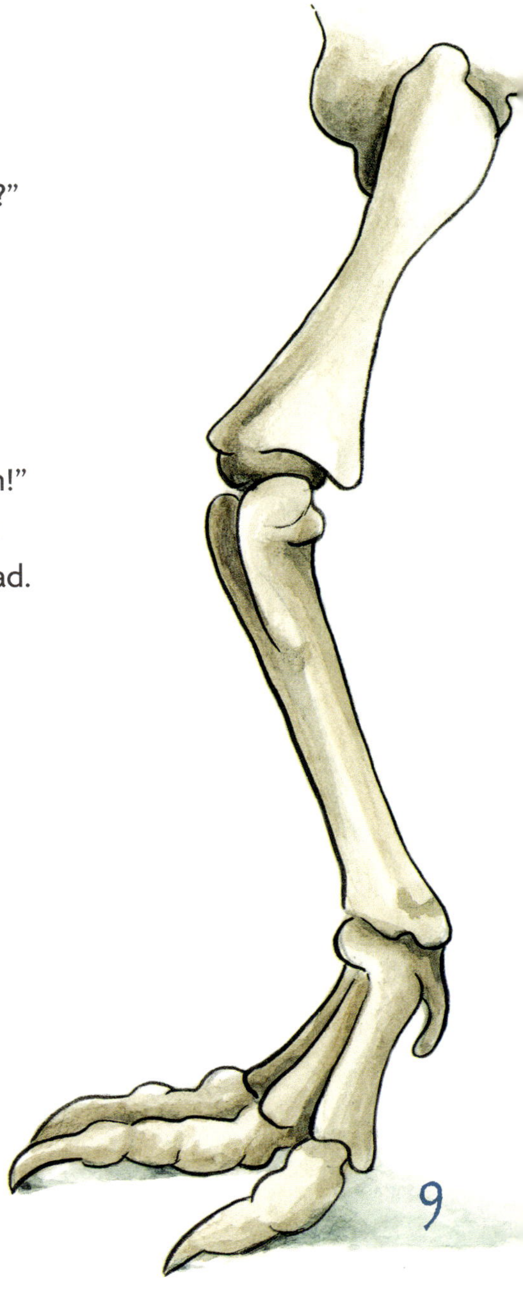

Why don't we visit the big museum in Humboldt Place?" suggested Benni.

"That's a good idea," Lisa agreed. "Come on, let's go to the Natural History Museum!"

"You have to pay to get in." Jens pointed out.

"Don't you get any pocket-money?"

"Of course I do. But I'm not throwing it away on a museum!"

"Don't be such a spoil-sport, Jens," Benni pleaded. "School children pay less than adults. I went there once with my dad. There are huge dinosaur bones there."

"I'd rather have old cars than old bones."

"But there isn't a motor museum here," Lisa was sure about this.

"So we'll meet this afternoon at three o'clock in front of the Natural History Museum. Alright?"

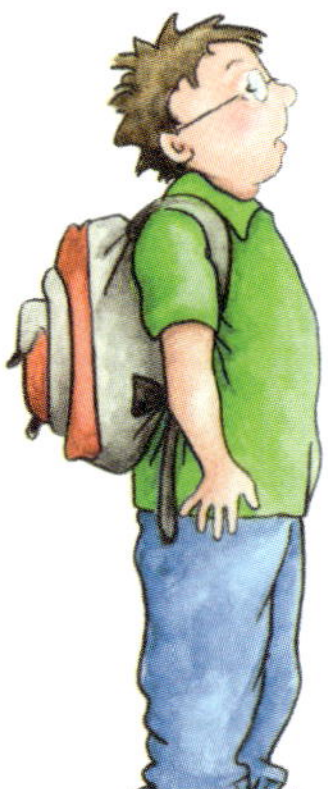

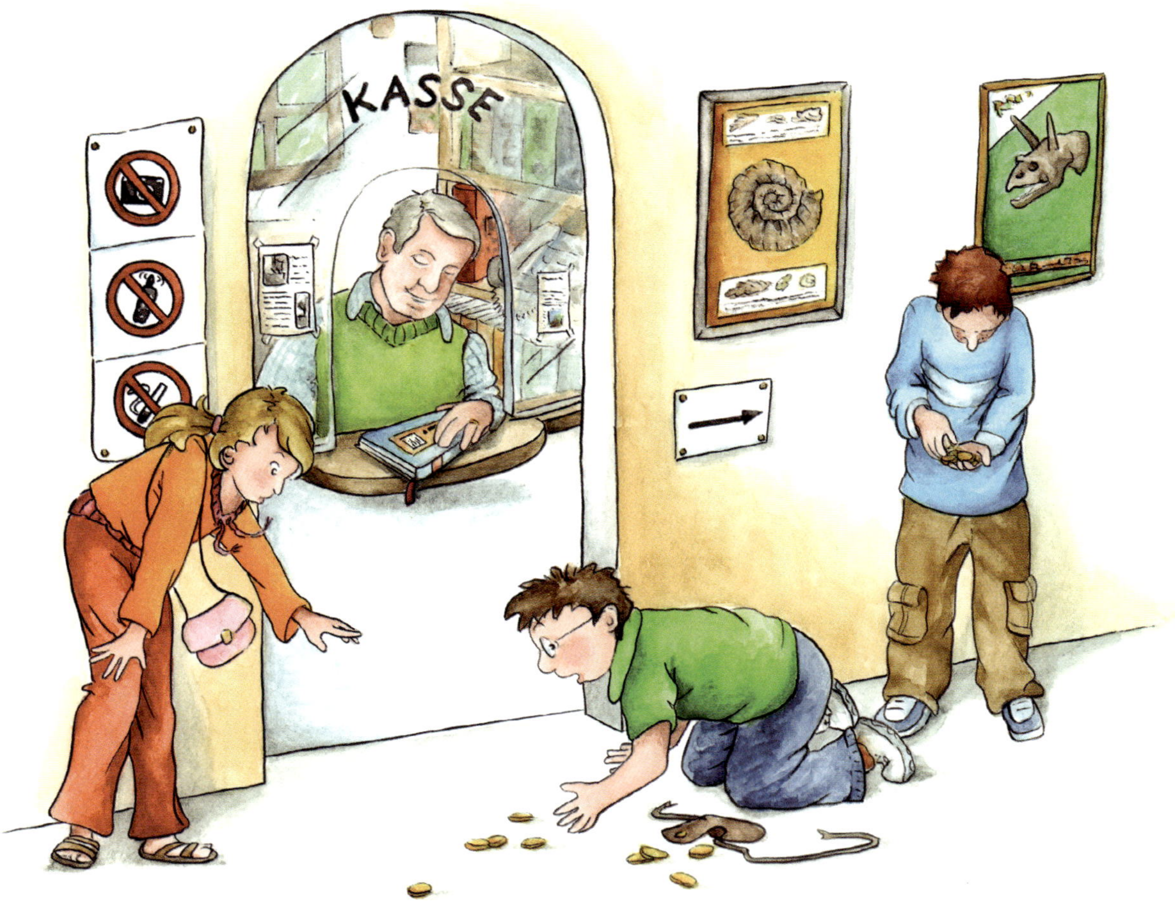

Halt! Es

An der Museumskasse brauchten sie mitten in der Woche nicht lange anzustehen. An Sonntagen und Feiertagen kamen viel mehr Besucher. Nicht weit von der Kasse entfernt sahen sie silberfarbene Garderobenständer. Jetzt im Sommer hatten Lisa, Jens und Benni keine Jacken dabei, und so blieben die Ständer leer.

„Halt! Es fehlt etwas!“ Lisa lief zur Kasse zurück. „Einen Museumsführer, bitte!“
Sie meinte einen Katalog, ein dickes Buch mit Bildern von den Ausstellungsstücken und mit Erklärungen.
„Der Museumsführer ist nicht billig“, erwiderte der Kassierer. „Aber wir haben auch noch unseren günstigeren Kindermuseumsführer.“
„Jens, Benni! Wir legen unser Geld zusammen.“
„Du machst uns noch arm“, stöhnte Jens.
„Die Anschaffung lohnt sich, ihr werdet sehen.“

Since it was the middle of the week, they did not have to wait long in the queue at the museum cash desk. A great many more visitors came on Sundays and public holidays. Not far from the cash desk they saw silver-coloured coat stands. It was summer, so Lisa, Jens and Benni had no jackets with them and the coat stands remained empty.

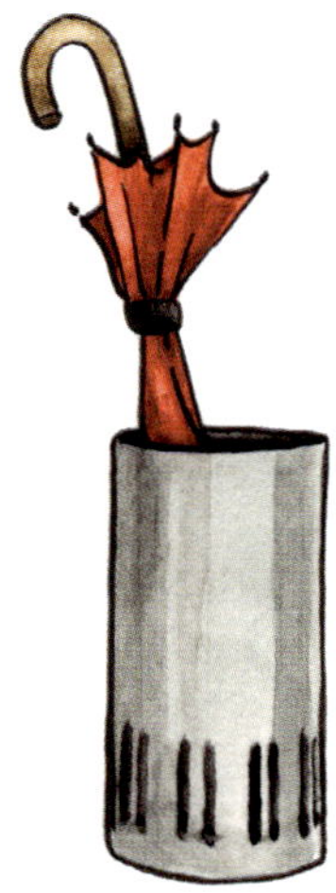

"Wait! We need something!" Lisa ran back to the cash desk. "Can we please have a museum guide?" She meant a catalogue, a thick book with pictures and explanations of the items on display.
"The normal museum guide is not cheap," was the reply of the cashier. "But we do have a special museum guide for children which is cheaper."
"Jens, Benni! Let's put our money together."
"I won't have any money left, if we go on like this," groaned Jens.
"You'll see, it'll be worth buying."

Wait!

fehlt etwas!

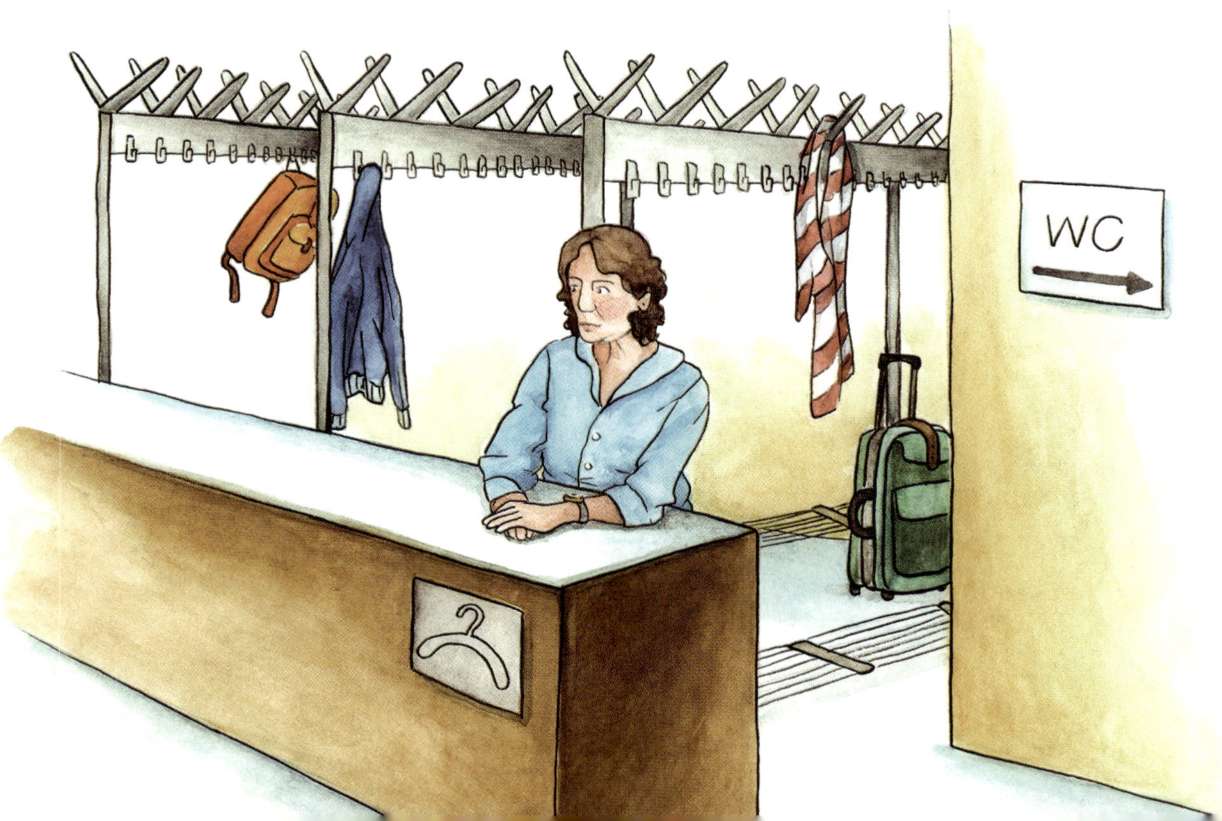

Mit dem Museumsführer in der Hand schritt Lisa voran. Sie las Jens und Benni halblaut vor, um andere Besucher nicht zu stören: „Im Erdgeschoss befinden sich wertvolle Versteinerungen. Fossilien nennt man solche Abdrücke von Tieren und Pflanzen in Steinen. Sie erzählen Dir von Lebewesen, die seit vielen Jahrtausenden ausgestorben sind. Im ersten Stock kannst Du unsere große Dinosaurier-Ausstellung entdecken."

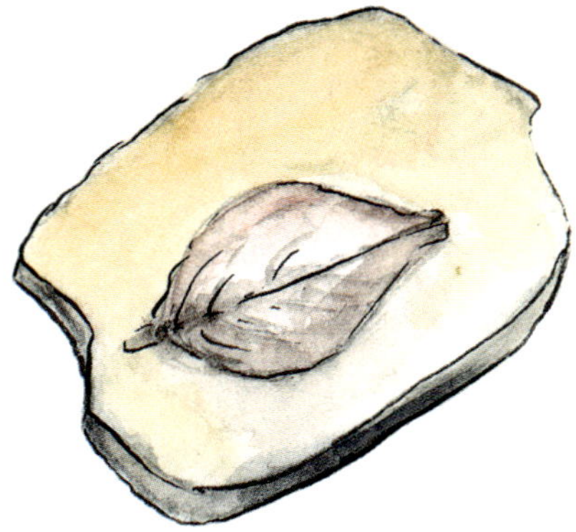

„Jahrtausende!", staunte Benni.
„Wie lang her das wohl ist?"
„Ewig lang", antwortete Jens.

Wie lang her das wohl ist?

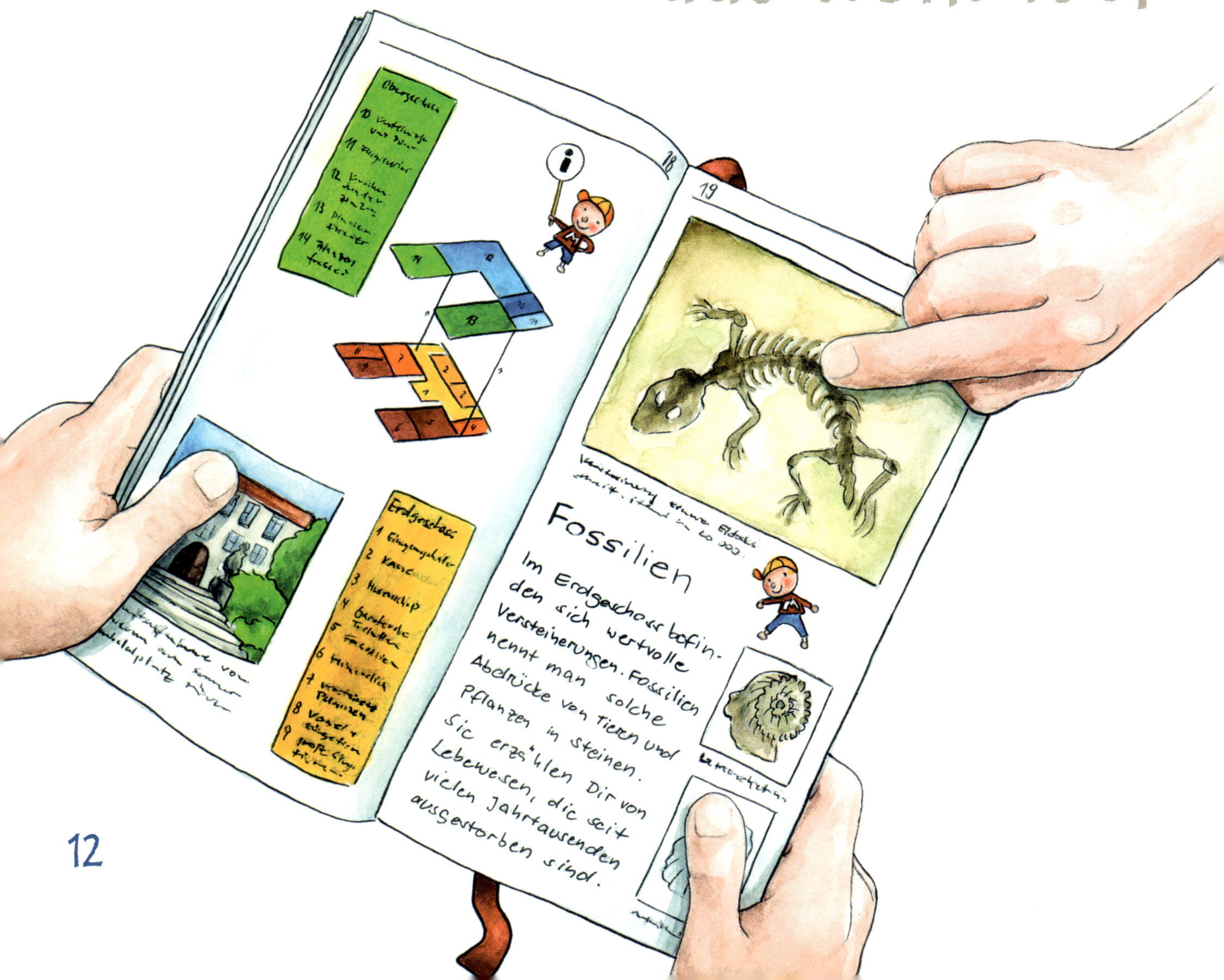

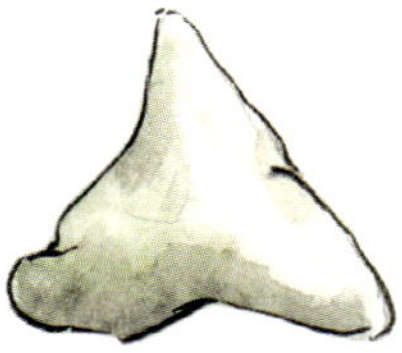
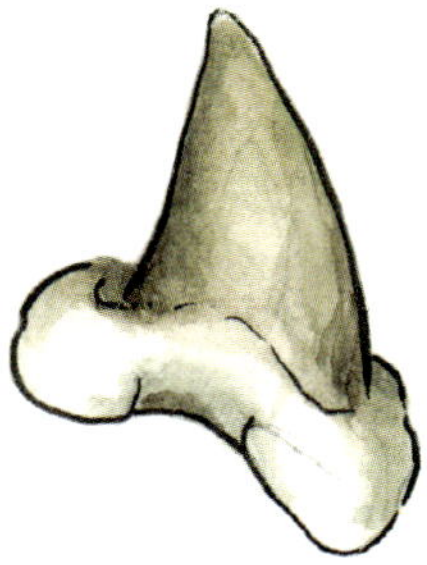
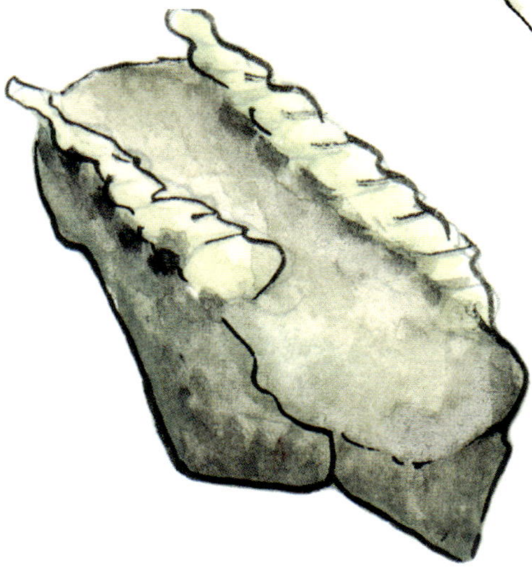
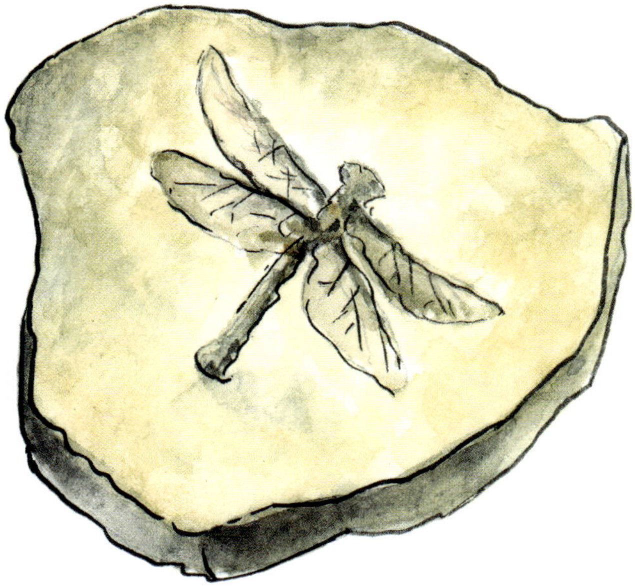

Holding the museum guide in her hand, Lisa went on ahead. In a low voice, so that she did not disturb the other visitors, she read out to Jens and Benny: “On the ground floor are the precious fossils. This is the name for the prints of animals and plants that are left in the stones. They tell you about living organisms which have been extinct for many thousands of years. Our dinosaur exhibition is on the first floor.”

“Thousands of years ago!” Benni was amazed. “How long ago is that?”
“Ever so long,” replied Jens.

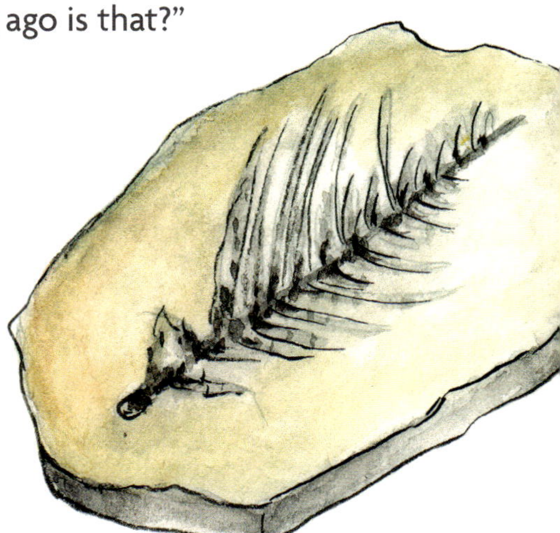

Animals and plants

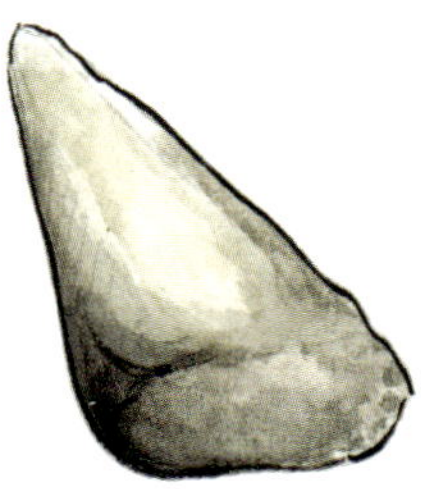

Während Lisa weiterlas und Jens hinterher schlurfte, sah Benni drüben, an der Treppe zum ersten Stock, das Skelett eines Dinosauriers. Es hatte ihn schon beim ersten Besuch in Bann gezogen. Sechs Meter war es groß! Dagegen sah Benni winzig aus.

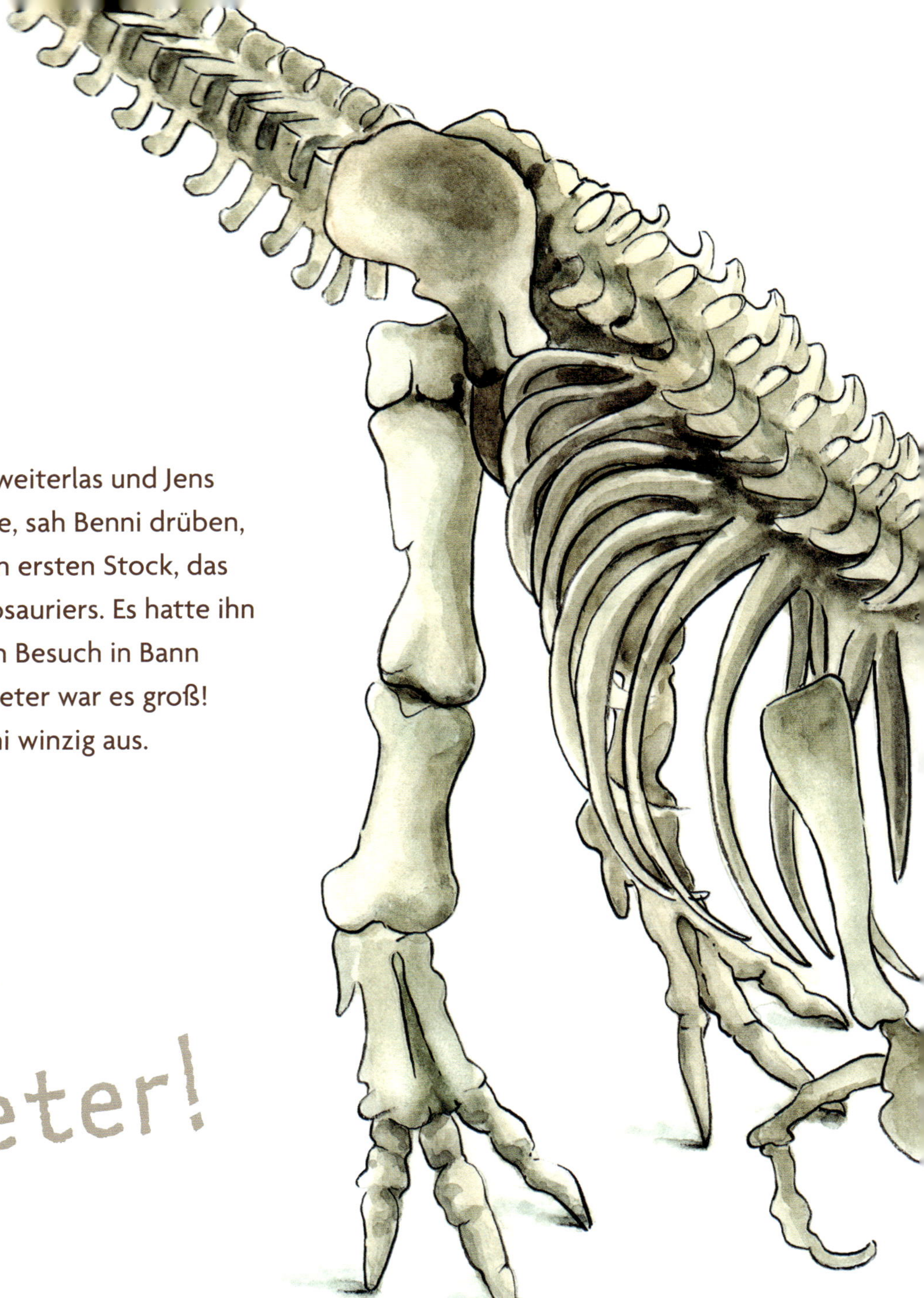

Sechs Meter!

Seine Blicke wanderten bis zum Schädel hinauf. Was war das? Träumte Benni mit offenen Augen? Der Dino wandte ihm seinen Kopf zu, als erinnerte er sich, ihn hier schon einmal gesehen zu haben. Der Knochenschädel grinste ihn frech an. Ganz bleich im Gesicht rannte Benni zu Lisa und Jens.

What was that?

Whilst Lisa continued to read and Jens followed her, scuffing his feet, Benni saw the skeleton of a dinosaur on the other side of the room by the stairs to the first floor. He had already been spellbound by it on his first visit. It was six meters high! Benni looked tiny standing beside it.

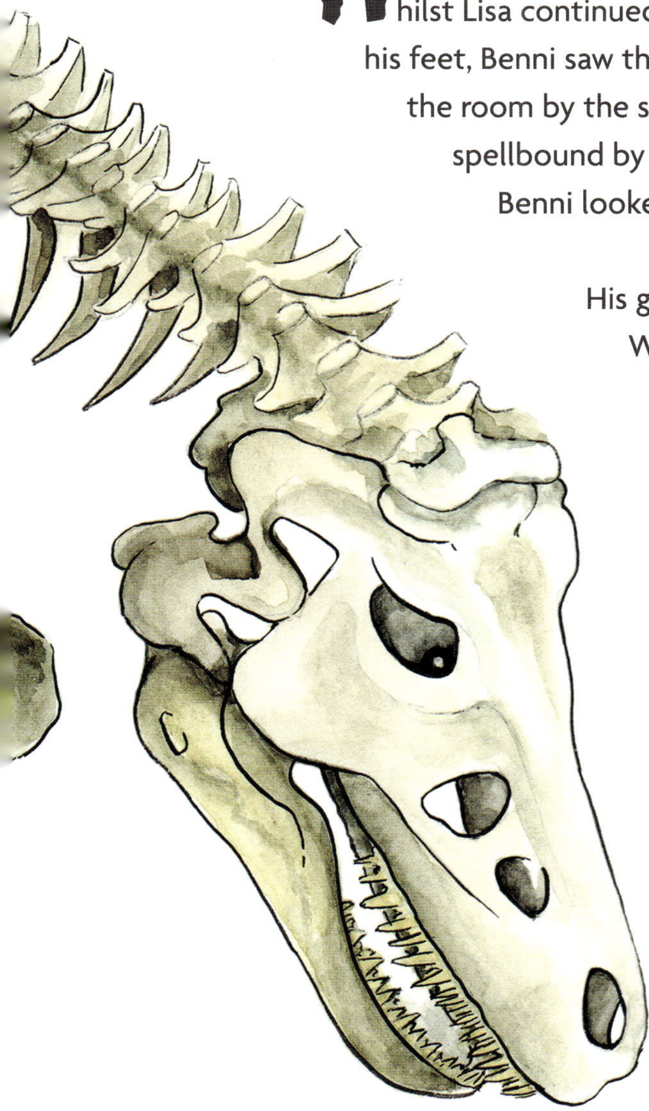

His glance wandered up to the skull. What was that? Was Benni dreaming with his eyes open? The skeleton turned its head towards him, as if it remembered having seen him here before. The skull grinned down cheekily at him. Benni raced to Lisa and Jens, his face very pale.

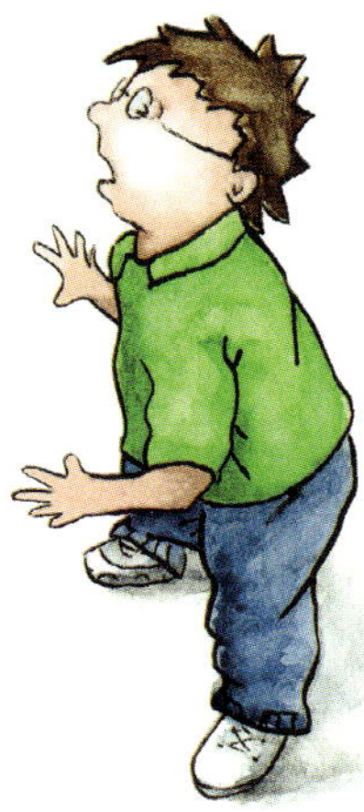

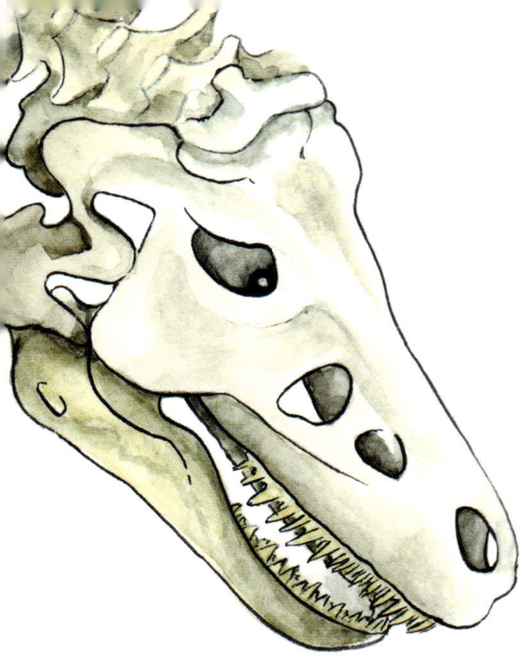

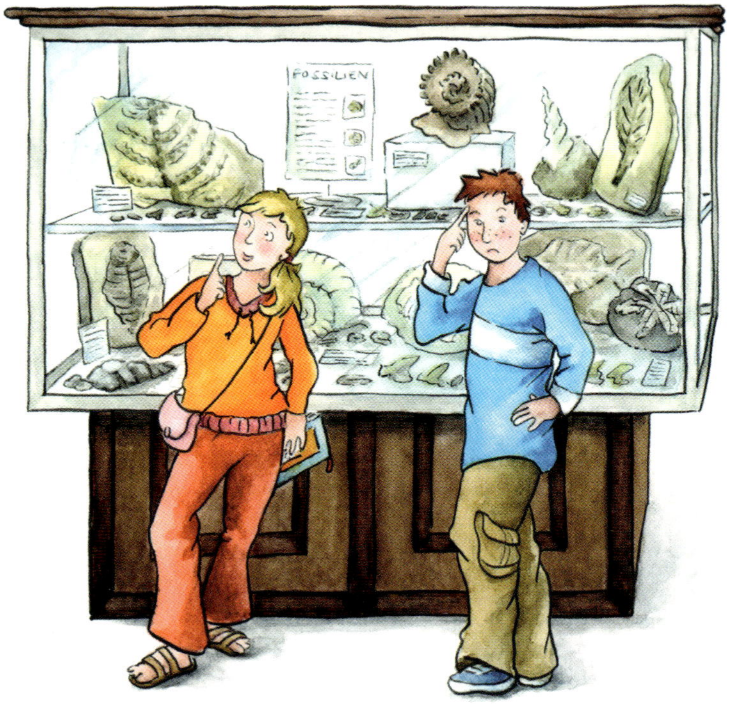

Ich will hier weg!

„Schaut doch, wie der Saurier guckt!“, flüsterte er heiser.
„Du spinnst“, meinte Jens trocken.
„Tue ich nicht!“
„Der kann doch gar nicht mehr gucken.“
„Kann er doch!“
„Ein Skelett hat keine Augen.
Darum sieht es nichts mehr.“
„Tut es doch! Und es grinst!“
„Bestimmt will dich der Saurier fressen!“, witzelte Lisa. „Der da ist ein Tyrannosaurus. Er mag am liebsten saftiges Fleisch. Im Gegensatz zum Brontosaurus, der nur Pflanzen frisst.“
„Ich will hier weg!“, Benni drehte sich hastig um.
Rums! Vor Schreck warf er ein Hinweisschild um.
Kein Durchgang! stand darauf.

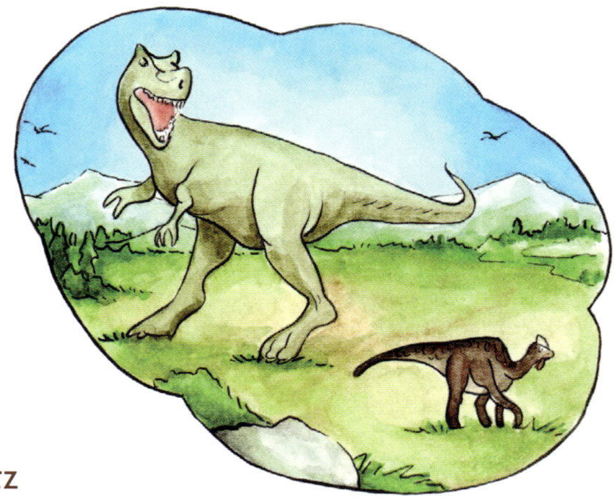

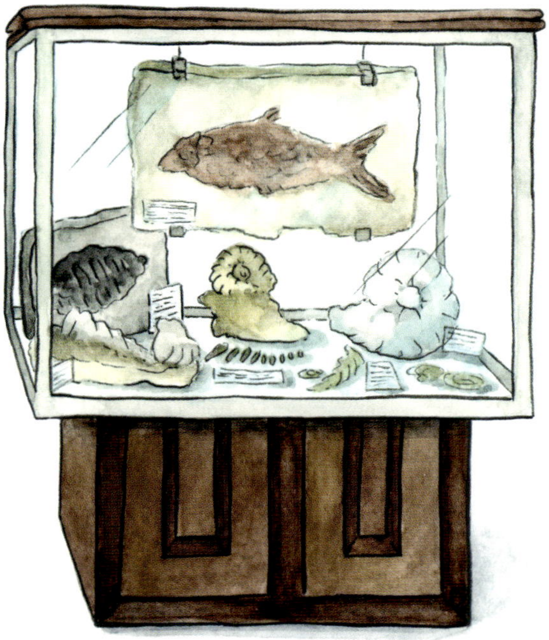

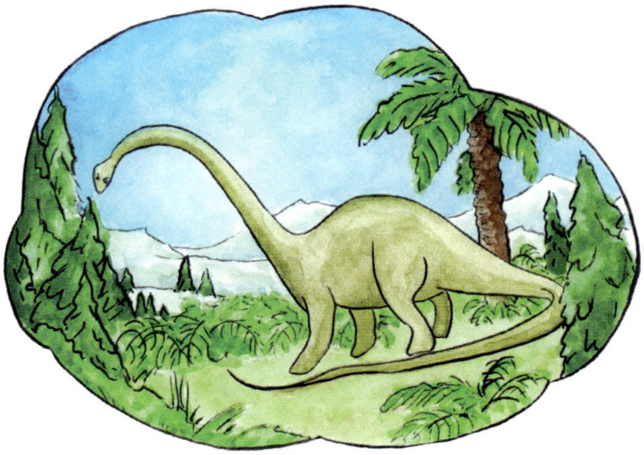

Look, the dinosaur’s looking at us!”
he whispered in a parched voice.
“You’re nuts,” was Jens’ dry reply.
“I’m not!”
“It can’t look any more.”
“But it can!”
“A skeleton doesn’t have any eyes. That’s why it doesn’t see anything any more.”
“But it does! And it’s grinning!”
“Bet the dinosaur wants to eat you up!” joked Lisa. “That one there is a tyrannosaurus. It likes juicy meat best of all. Not like the brontosaurus which only eats plants.”
“I want to get out of here!”
Benni turned round hastily.
WHAM! In his fright, he knocked over a signboard on which *‘No thoroughfare’* was written.

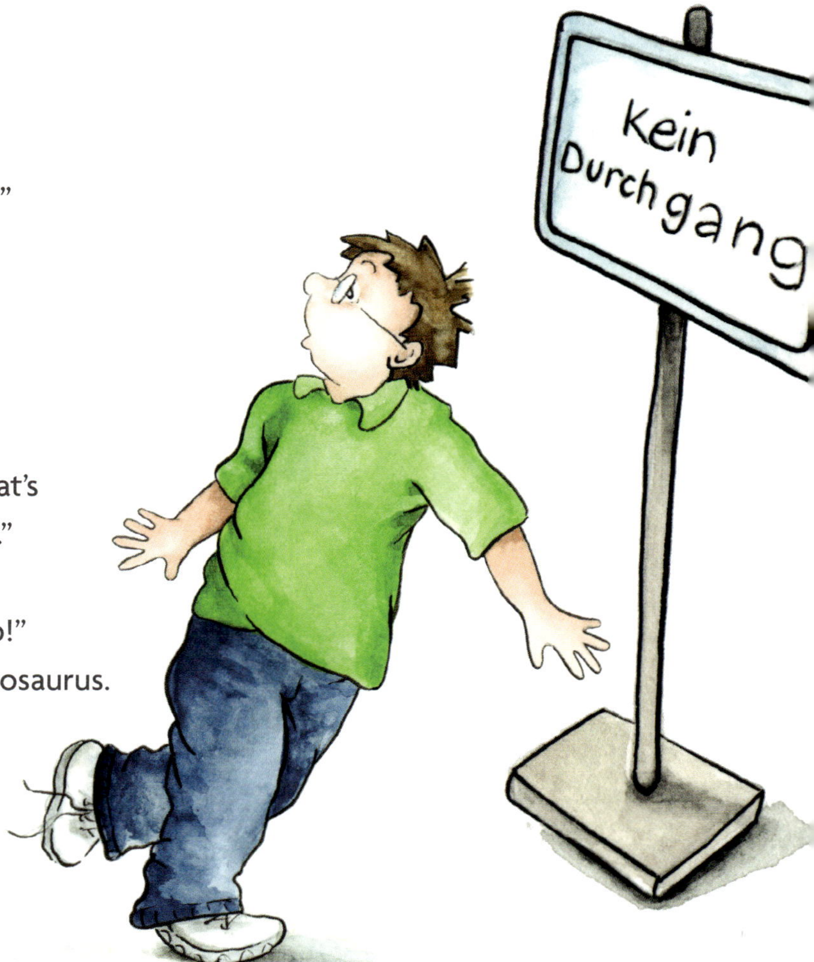

No thoroughfare

Ruhe!

Ruhe!“ Ein Mann vom Aufsichtspersonal eilte herbei. Er passte auf, dass nichts beschädigt oder gestohlen wurde. „Rennt und schreit hier nicht herum!“, schimpfte er.
„Der Sau…, der Ty…“, stotterte Benni.
„Der Tyrannosaurus“, half Lisa.
„Er hat mich angeblinzelt!“

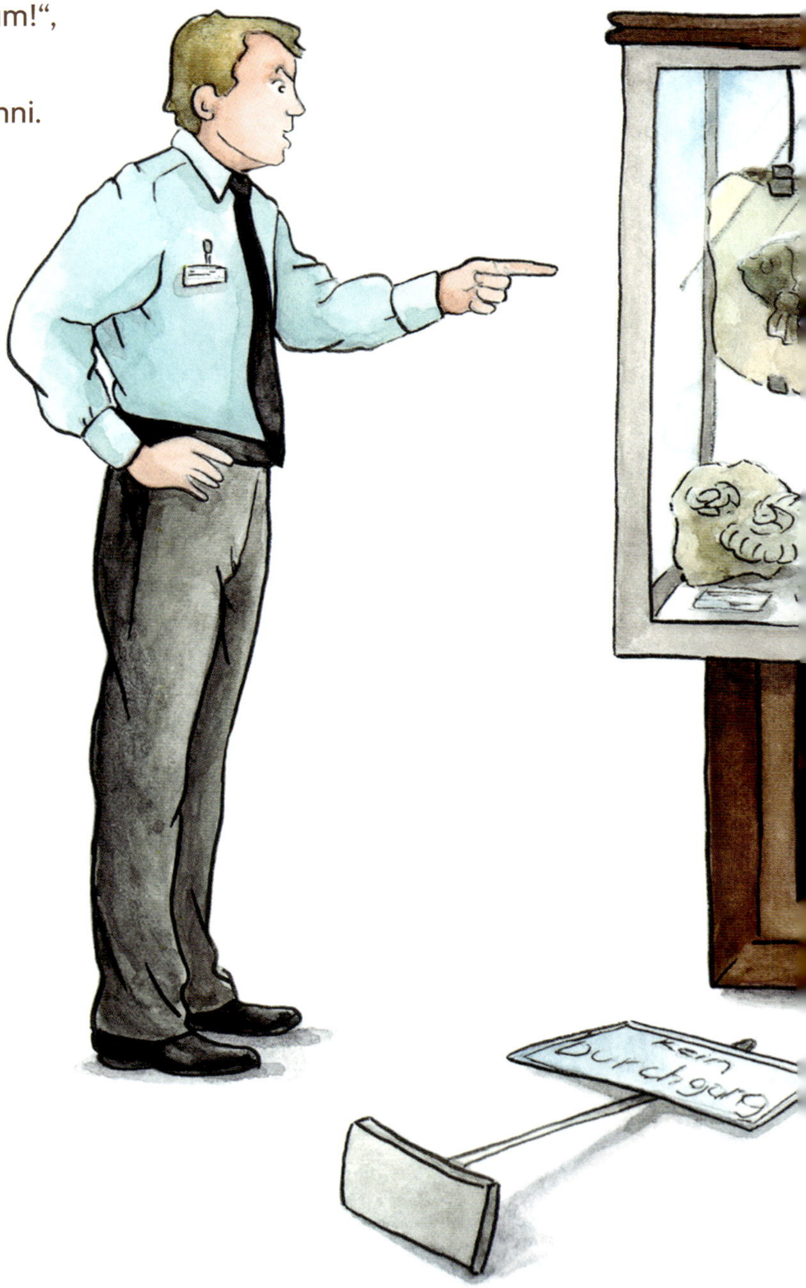

Der Aufseher wurde schärfer im Ton: „Mach keine Witze! Beinahe wäre die Tafel in die Glasvitrine gefallen. Darin liegt die Versteinerung eines uralten Fisches. Äußerst wertvoll! Wenn ihr jetzt nicht Ruhe gebt, müsst ihr das Museum verlassen!“
Kleinlaut senkten die drei ihre Köpfe.

Be quiet!" One of the museum custodians hurried over to them. He was responsible for making sure that nothing was ever damaged or stolen. "Don't run and shout about!" he told them.
"The dino, the ty..." stuttered Benni.
"The tyrannosaurus," helped Lisa.
"It winked at me!"

It winked at me!

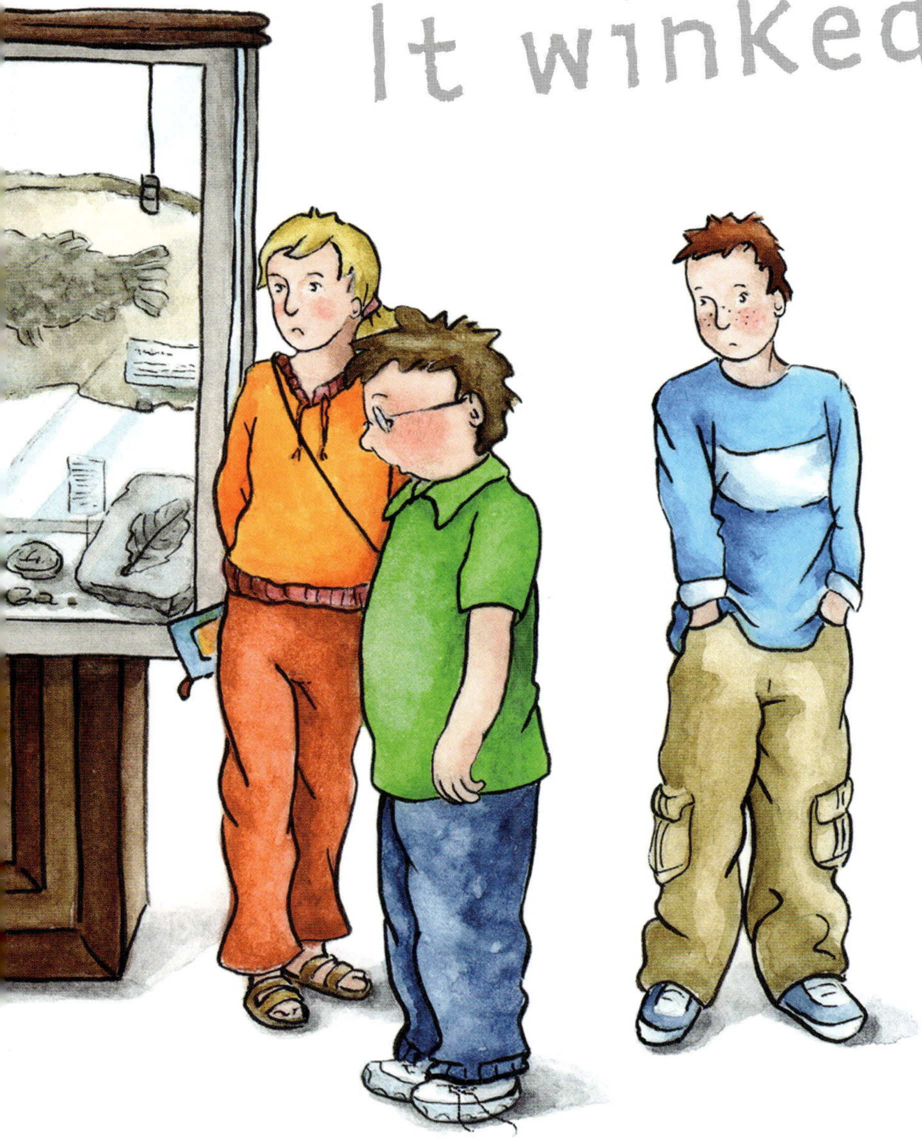

The custodian's voice took on a sharper tone. "Stop fooling around! That board nearly fell onto the glass display cabinet containing an ancient fossilized fish. It is extremely valuable! Now if you don't quieten down, you will have to leave the museum!"
The three hung their heads sheepishly.

Der Aufseher beruhigte sich, stellte das Schild *Kein Durchgang!* wieder hin und ging dann langsam weiter. Lisa zog Benni weg, während Jens zurückblieb. Hinter dem Schild stand ein schwerer Vorhang etwas offen. Durch den Spalt hörte Jens eine Stimme: „Was ist mit der Mumie?“ Das Wort ‚Mumie‘ zog ihn magisch an. Als er durch den Vorhang lugte, sah er zwei Frauen und zwei Männer. Sie trugen weiße Handschuhe, holten in Schaumstoff verpackte Gegenstände aus den Kisten und wickelten sie aus. „Schau an, wir haben ja einen heimlichen Beobachter!“, rief eine dunkelhaarige Frau. „Was willst du denn hier?“

Jens war ertappt. Jetzt nur nicht einschüchtern lassen!
„Wir müssen alles wissen, weil wir doch ein Referat übers Museum schreiben.“
„Du bist also nicht allein.“

Was willst du denn hier?

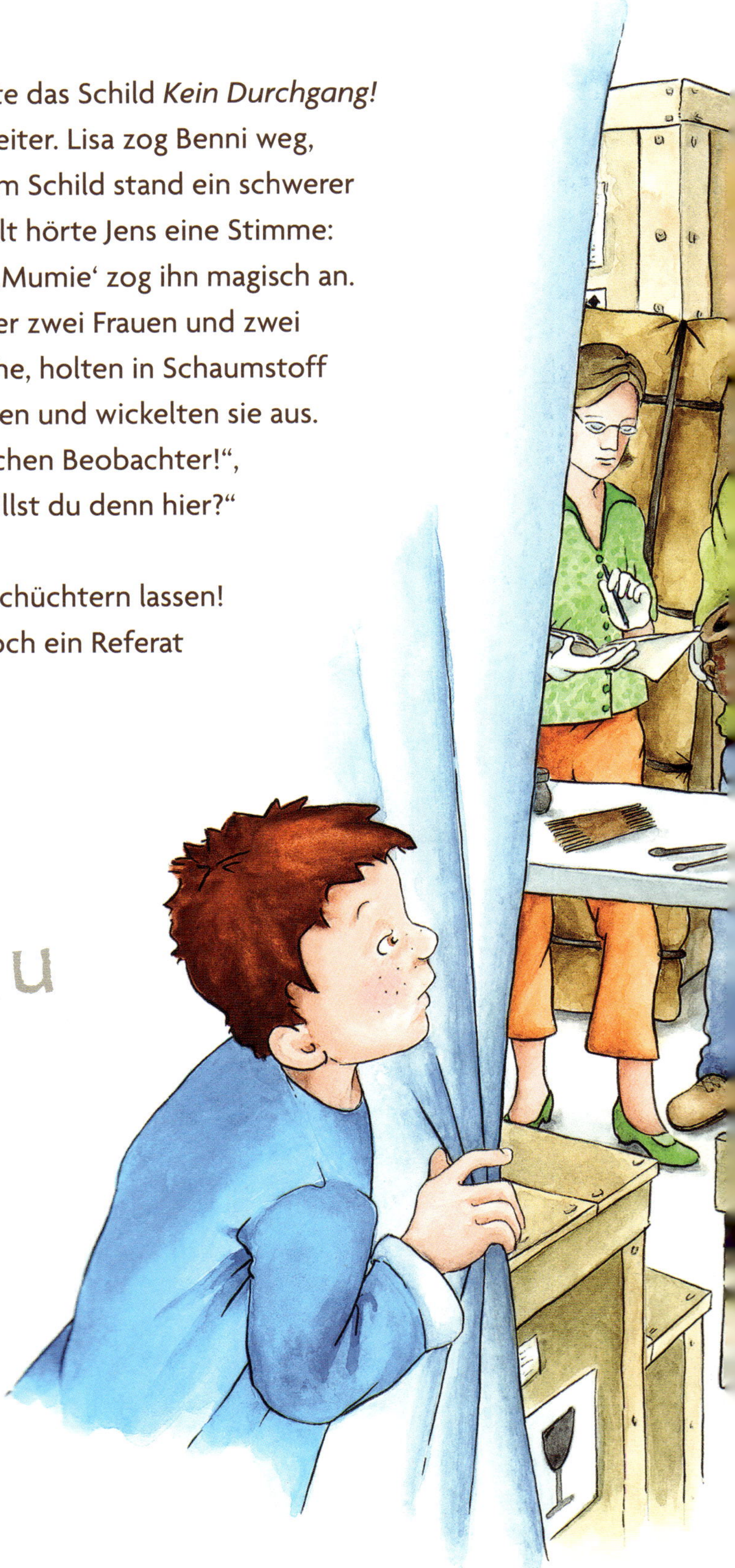

What about the mummy?

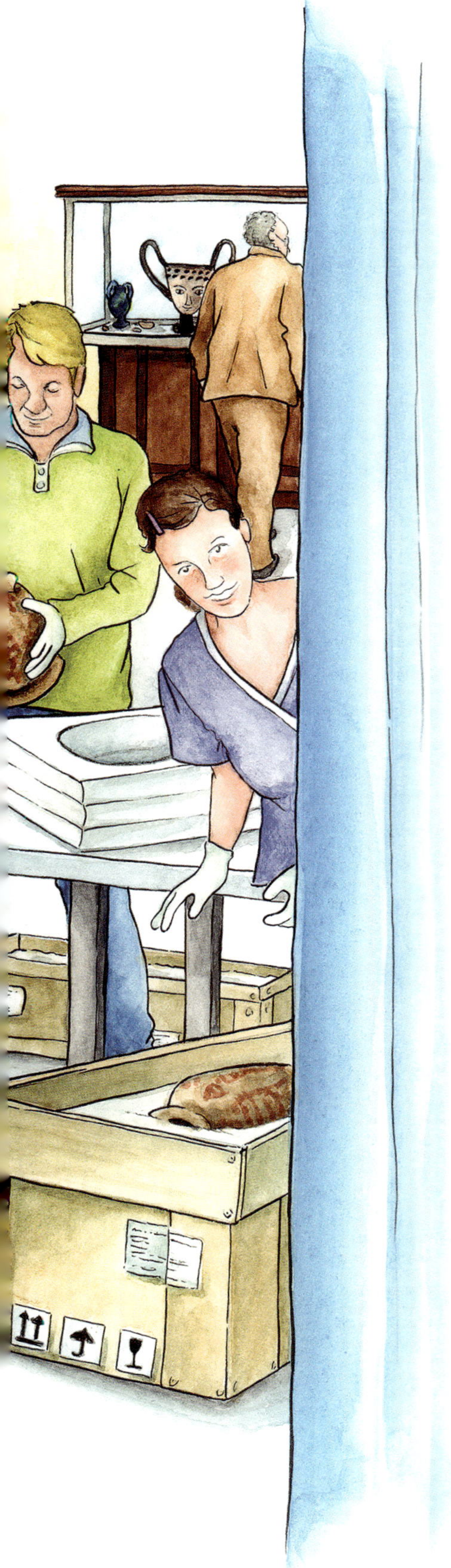

The custodian calmed down, set the *'No thoroughfare'* board back into place and moved on slowly. Lisa pulled Benni away, but Jens hung back. Behind the board was a heavy curtain which was not quite closed. Through the gap Jens heard a voice: "What about the mummy?" The word 'mummy' had a magical effect on him. Peeping through the curtain, he saw two men and two women who were wearing white gloves. They were removing items wrapped in cellular material from boxes and unwrapping them. "Look, someone is watching us!" cried out a dark-haired woman. "What do you want here?"

Jens was caught out. He had to stand up for himself! "We have to know about everything because we are giving a talk about the museum."
"So you're not on your own!"

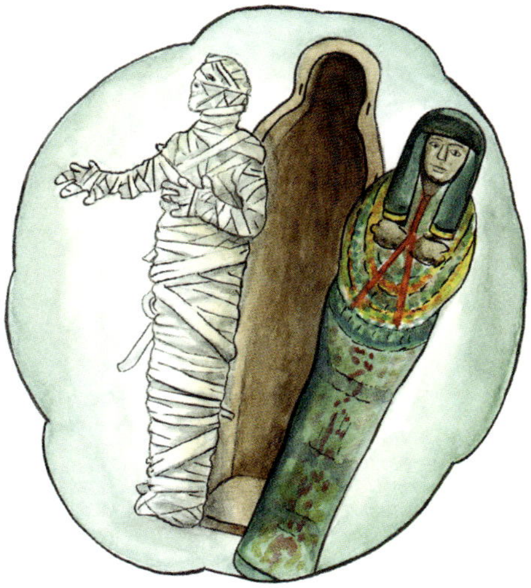

Jens winkte Lisa und Benni herbei.

„Bevor unsere Sonderausstellung *Leben und Sterben im Alten Ägypten* nicht eröffnet ist, darf diesen Raum eigentlich kein Besucher betreten. Aber bei euch wollen wir eine Ausnahme machen. Wo ihr doch alles für euer Referat wissen müsst!“, schmunzelte die Dunkelhaarige.

„Was ist denn nun mit der Mumie?“, fragte Jens. Beim Gedanken an den einbalsamierten Leichnam wurde er ganz aufgeregt.

„Sie wird noch aus einem anderen Museum geholt. Da musst du dich bis zur Eröffnung gedulden.“

„Wenn's sein muss ...“ Aber Jens entdeckte schon etwas anderes, das wie eine handliche Vase mit Deckel aussah.

„Das ist ein Salbgefäß, mehr als dreitausend Jahre alt. Dort seht ihr auch eine kostbare Bronzebüste ...“

„Ist die auch so alt?“

„Nicht ganz, aber beinahe.“

Ist die auch so alt?

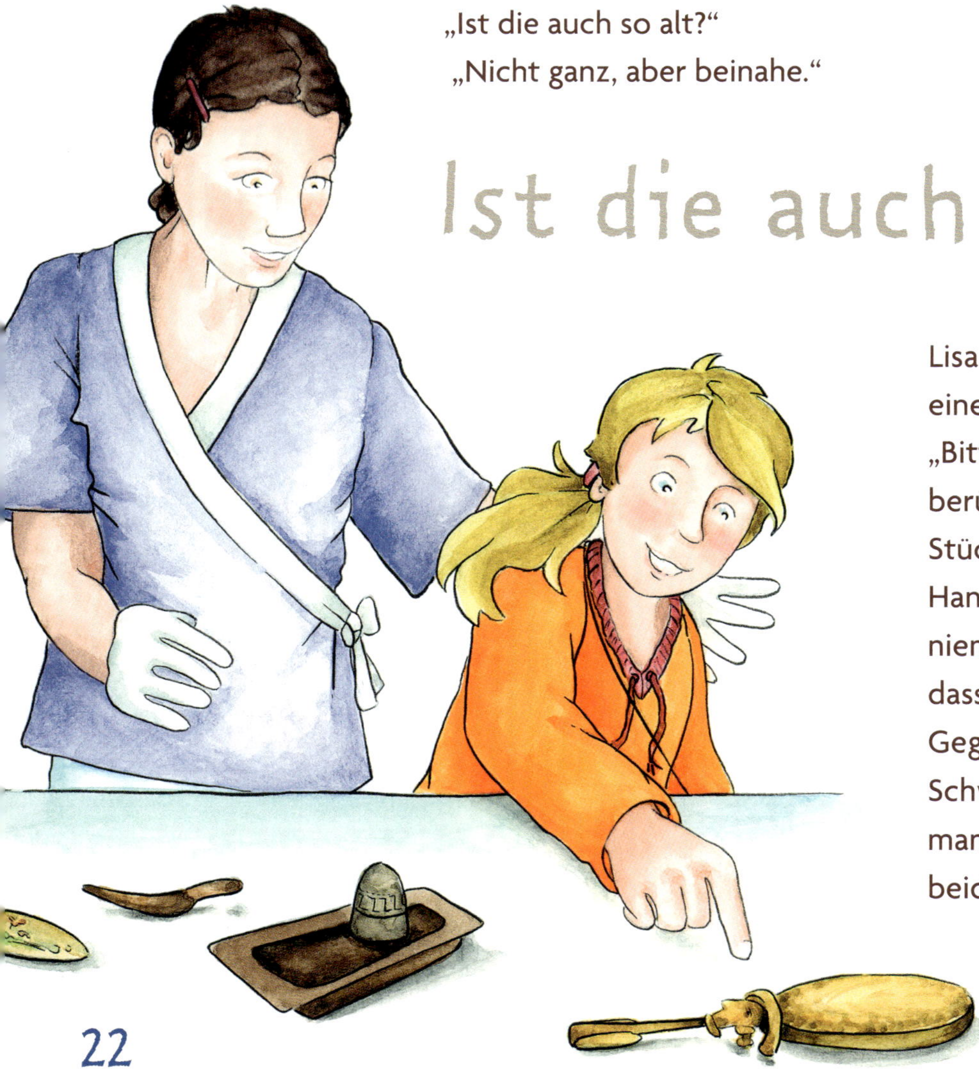

Lisa streckte die Hand nach einem Kosmetikspiegel aus.

„Bitte nichts anfassen! Wir berühren diese wertvollen Stücke nicht umsonst nur mit Handschuhen. So gut kann sich niemand die Hände waschen, dass man keine Spuren an den Gegenständen hinterlässt. Schweiß oder Seifenreste hat man immer an den Händen, und beides schadet den Objekten.“

Jens beckoned to Lisa and Benni.

"Before our special exhibition *Life and Death in Ancient Egypt* opens, nobody is really allowed to enter this room. But we'll make an exception with you. After all, you need to know about everything for your talk!"

The dark-haired lady was amused and smiled kindly.

"What was that about the mummy?" asked Jens. The thought of an embalmed corpse really excited him.

"It is being collected from another museum. You'll have to be patient until the exhibition opens."

"If I have to ..." But Jens was already discovering something else that looked like a handy little vase with a lid.

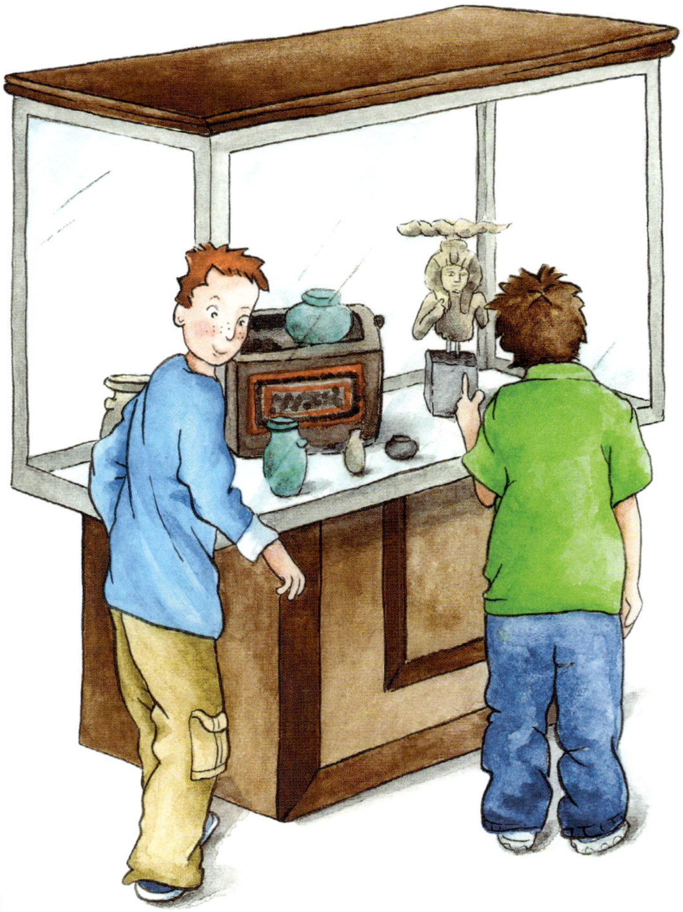

"This is an ointment pot, more than three thousand years old. There you also see a priceless bronze bust ..."

"Is that just as old?"

"Not quite, but almost."

Lisa stretched her hand out towards a cosmetic mirror.

"Please don't touch anything! There is a reason why we are only touching these precious items with gloves on. Nobody can wash their hands so thoroughly that they don't leave grease marks on the items from their fingers. There is always sweat or traces of soap on your hands and both harm the items."

Don't touch!

Was tun Sie denn mit den Sachen?“, wollte Benni von der Dunkelhaarigen wissen.
„Wir packen die Leihgaben für unsere Sonderausstellung aus. Ich bin Restauratorin und prüfe den Zustand der Stücke.“
„Verstehe!“, warf Lisa ein. „Und wenn ein Teil zerbrochen ist, machen Sie es wieder heil.“
„So einfach ist das nicht“, lachte die Restauratorin.
„Unsere Lisa schwächelt“, neckte Jens. „Sonst weiß sie immer alles.“

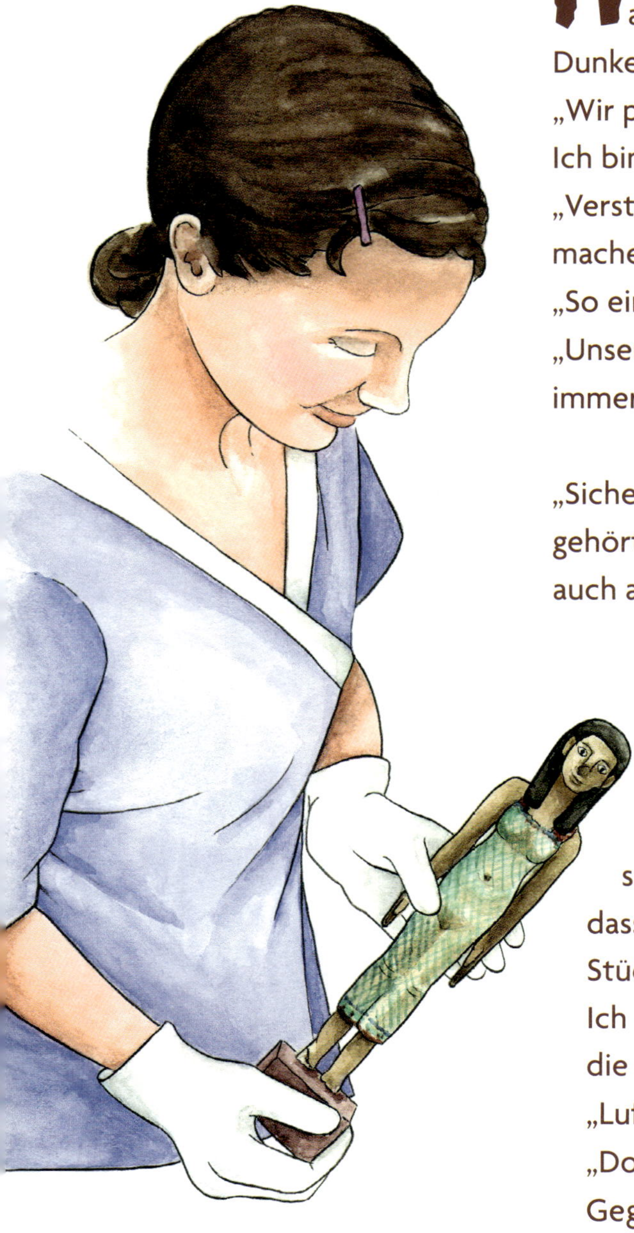

„Sicher habt ihr noch nichts von einem Zustandsprotokoll gehört. Darin sind alle Ausstellungsstücke beschrieben und auch abgebildet. Daher wissen wir alles über den Zustand des Objekts. Seht euch diese kleine Standfigur an: Die Nase ist abgebrochen und am rechten Fuß etwas Farbe abgeblättert. So lest ihr es hier auch im Protokoll. Nach der Ausstellung schicken wir die Stücke wieder an das Museum zurück, das sie uns geliehen hat. Dort können sie dann feststellen, dass wir keinen Schaden daran verursacht haben. Die Stücke müssen in den Vitrinen sicher aufgestellt sein. Ich prüfe unter anderem auch noch die Temperatur und die Luftfeuchtigkeit.“
„Luft ist doch nicht feucht“, wandte Benni ein.
„Doch, das ist sie. Sie enthält verdampftes Wasser. Alte Gegenstände wie dieser Holzsarkophag könnten bei zu geringer Luftfeuchtigkeit Risse bekommen. Deshalb achtet man schon bei der Verpackung in Kisten darauf.“

Verstehe!

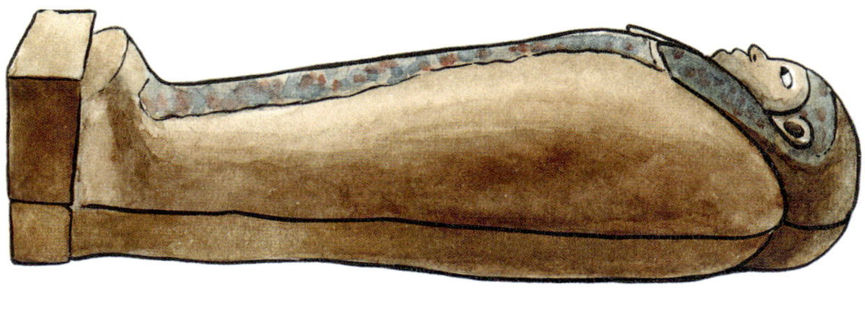

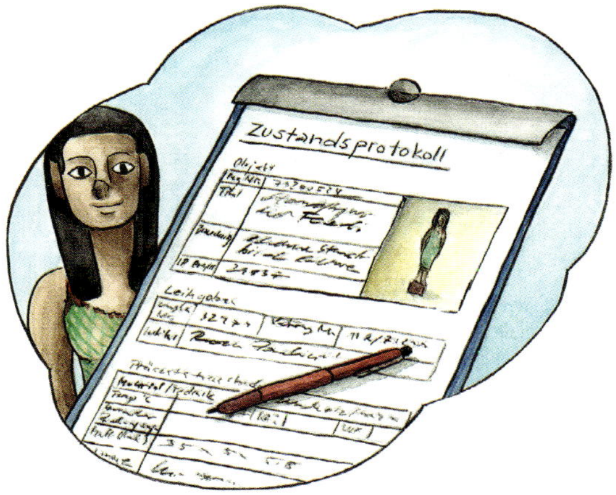

So what are you doing with these things?" Benni asked the dark-haired lady.

"We are unpacking the loaned items for our exhibition. I am a conservator and am checking the condition of each individual item."

"I see!" interrupted Lisa. "And if something is broken, you just repair it."

"It's not quite as easy as that," laughed the conservator.

"Lisa's losing her touch," teased Jens. "Normally she always knows everything."

"You've probably never heard of a status report. All the exhibition items are described in it and there are pictures of them, too. That's how we know what condition they are in. Look at this little figure: the nose is broken and some of the paint is peeling off the right foot. And that is what is written in the status report. After the exhibition we return the items to the museum from which we borrowed them and the lenders can see that we have not been responsible for the damage. The items have to be placed safely in the display cabinets. Among other things I also make sure that the temperature and atmospheric moisture are correct."

"But the atmosphere is not moist," objected Benni.

"Yes it is. It contains condensed water. Old items out of wood like this wooden sarcophagus could crack if there is too little humidity. This is why special care is taken when packing them into boxes, too."

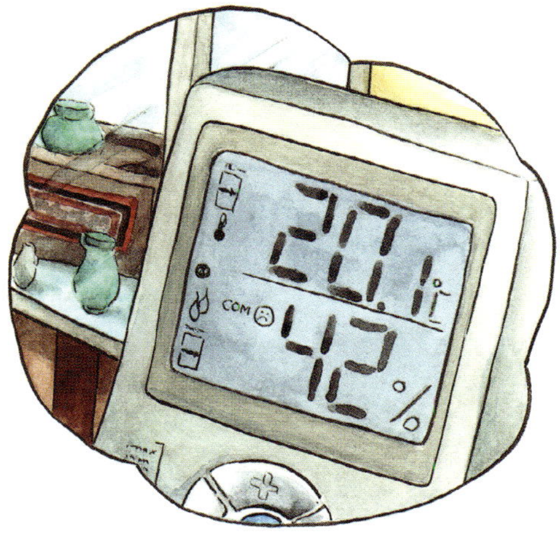

What condition?

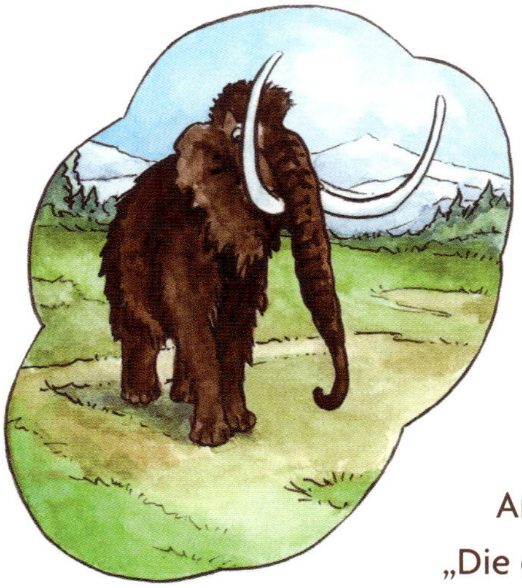

Lisa und Jens schauten zu, wie die Restauratorin die kleine Standfigur in einer Vitrine vorsichtig aufstellte. Einer der beiden Männer, die sich noch im Raum befanden, kam jetzt auf Lisa, Jens und Benni zu.
„Ich muss doch einmal sehen, wer sich da so für unsere Arbeit interessiert“, meinte er.
„Die drei schreiben ein Referat über das Museum“, berichtete die Restauratorin.
„Das höre ich gern. Guten Tag, ich bin der Direktor dieses Hauses.“ Er schüttelte zuerst Lisa, dann Jens und Benni die Hand.
„Unser Direktor ist auch ein Wissenschaftler“, erklärte die Restauratorin.
„Er kennt sich besonders gut mit Mammuts aus, einer ausgestorbenen Elefantenart aus der Eiszeit.“

„Habt ihr denn schon genug Informationen über unser Museum gesammelt?“, wollte der Direktor wissen.
„Ja, eine ganze Menge! Aber vielleicht könnten Sie uns noch Prospekte und Broschüren mitgeben?“, antwortete Lisa geradeheraus.
Der Direktor nickte freundlich. „Dann kommt mal mit in unseren Museumsladen!“
„Kann man dort auch Ausstellungsstücke kaufen?“, erkundigte sich Jens.
„Nein, die bleiben schön hier, damit alle etwas davon haben. Aber in unserem Museumsladen gibt es Poster und Postkarten, Bücher und Figuren – eben alles, was inhaltlich mit unseren Ausstellungen zu tun hat.“

Das Mammut

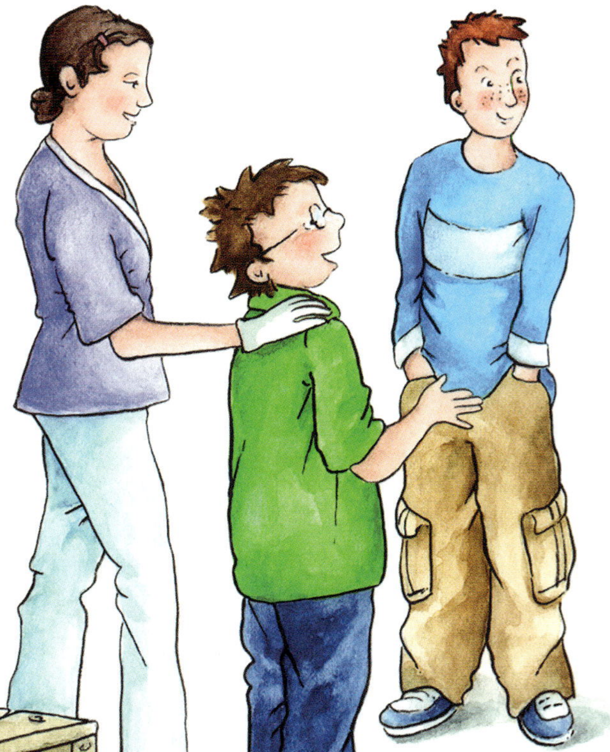

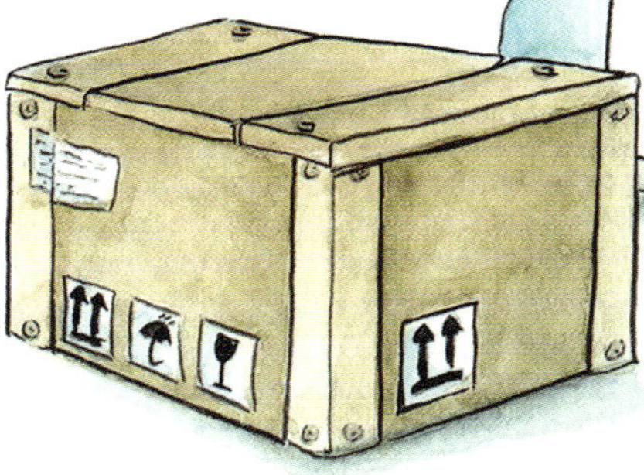

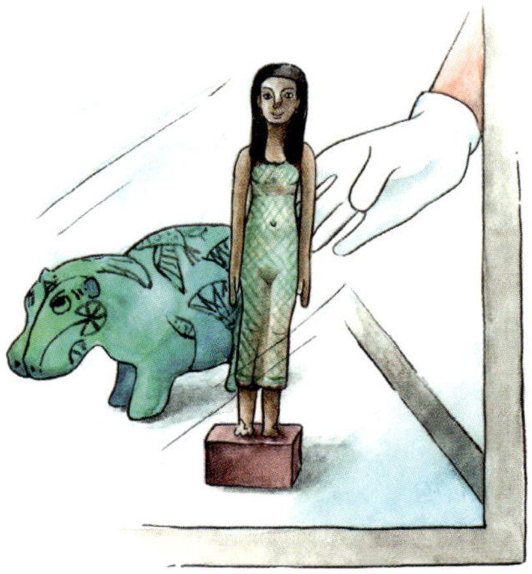

Lisa and Jens watched the conservator as she carefully placed the little figure into a cabinet. One of the two men who were still in the room walked towards Lisa, Jens and Benni.
"I have to see who is so interested in our work," he said.
"These three are preparing a presentation about the museum," explained the conservator.
"That's good to hear. Good day to you all. I am the director of the museum." He shook Lisa's hand first, then Jens' and Benni's.
"Our director is also a scientist," the conservator continued. He specialises in mammoths, an extinct elephant species from the ice age."

From the ice age

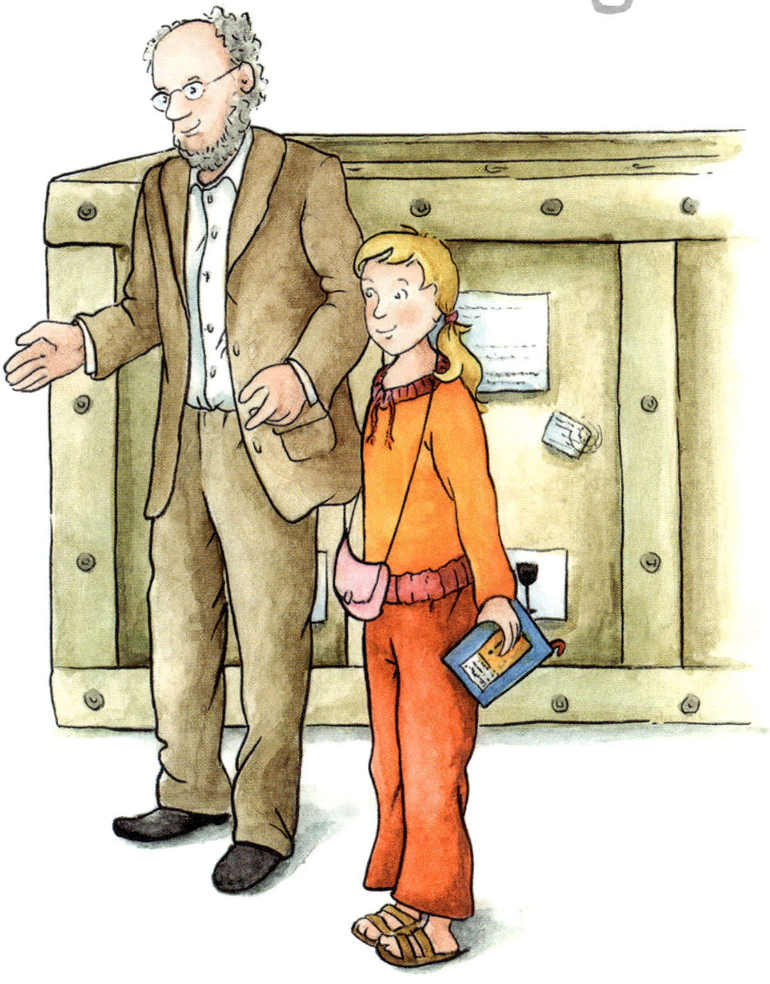

"Have you collected enough information about our museum?" the director wanted to know.
"Yes, heaps! But perhaps you could let us have some prospectuses and brochures?" was Lisa's forthright response.
The director nodded kindly.
"Then come along to our museum shop!"
"Do you sell exhibition pieces there, too?" asked Jens.
"No, they stay right here, so that everyone has a chance to see them. But there are posters and postcards, books and figures in our museum shop – anything which has to do with the subject of our exhibitions."

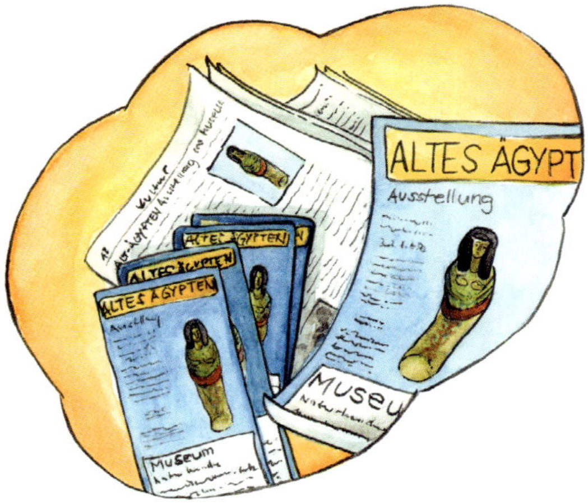

Woher weiß ich denn, wann die neue Ausstellung eröffnet wird?“, fragte Benni.
„Unsere Werbeabteilung kündigt es mit Plakaten und Faltblättern an. Natürlich benachrichtigt sie auch die Presse. Dann steht es in der Zeitung.“
„Das ist gut. Ich dachte schon, wir müssten es überall erzählen.“
„Nicht nötig“, lachte der Direktor. „Schaden kann es aber auch nicht. Besucht doch mit eurer ganzen Klasse die Ausstellung! Unser Museumspädagoge macht gern Gruppenführungen.“
„Oh ja, wir schlagen es gleich morgen unserer Klassenlehrerin vor“, sagte Lisa begeistert.

Oh ja!

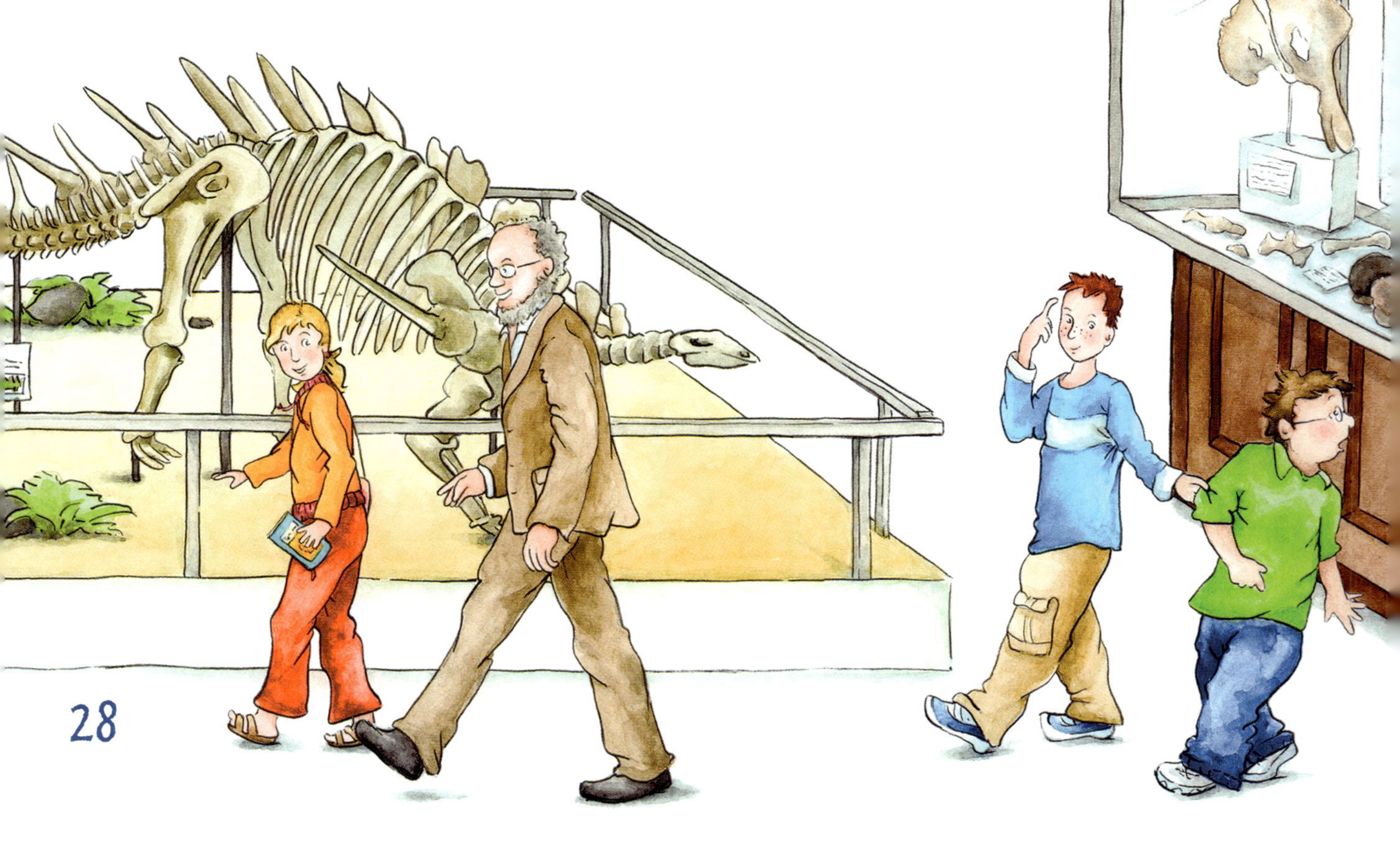

Posters and flyers

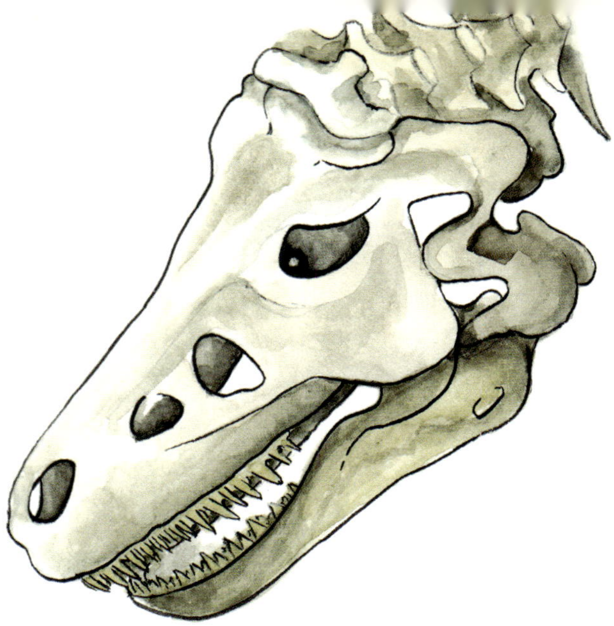

"How will I know when the new exhibition is opening?" asked Benni.
"Our advertising department informs people using posters and flyers. Of course they will also be in touch with the press, so the details will be in the newspapers".
"That's good. I thought we would have to tell everyone about it."
"No need to," laughed the director.
"But there's no harm in doing so. Come and bring your whole class to the exhibition! Our museum educator does guided tours for groups."
"Oh yes, we'll suggest that to our class teacher tomorrow," said Lisa enthusiastically.

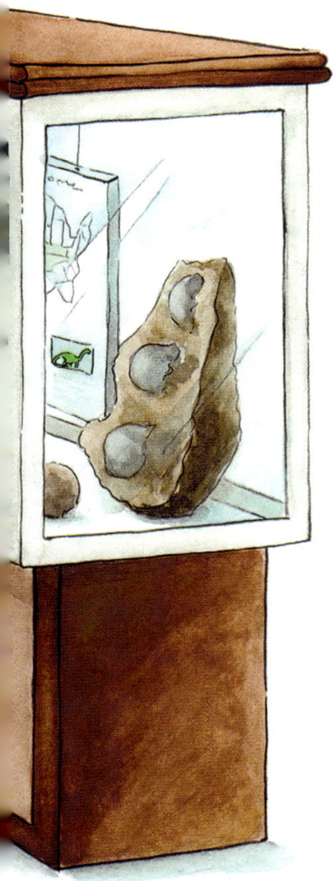

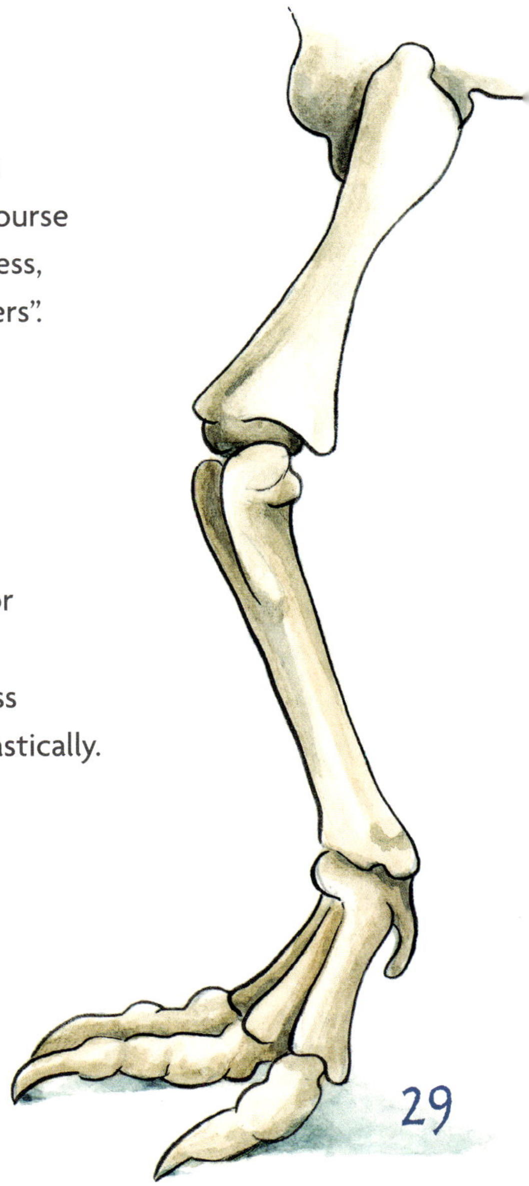

Im Museumsladen fasste Benni sogleich ein kleines, aus Holz geschnitztes Mammut ins Auge. Besonders die langen Stoßzähne weckten sein Interesse. Knacks!, machte es, und Benni hielt einen Zahn in der rechten, das übrige Mammut in der linken Hand. Der Ärger, den er jetzt erwartete, war schlimmer, als vom Saurierskelett verfolgt zu werden! Benni hätte sich am liebsten in Luft aufgelöst, wie das Wasser in Dampf.

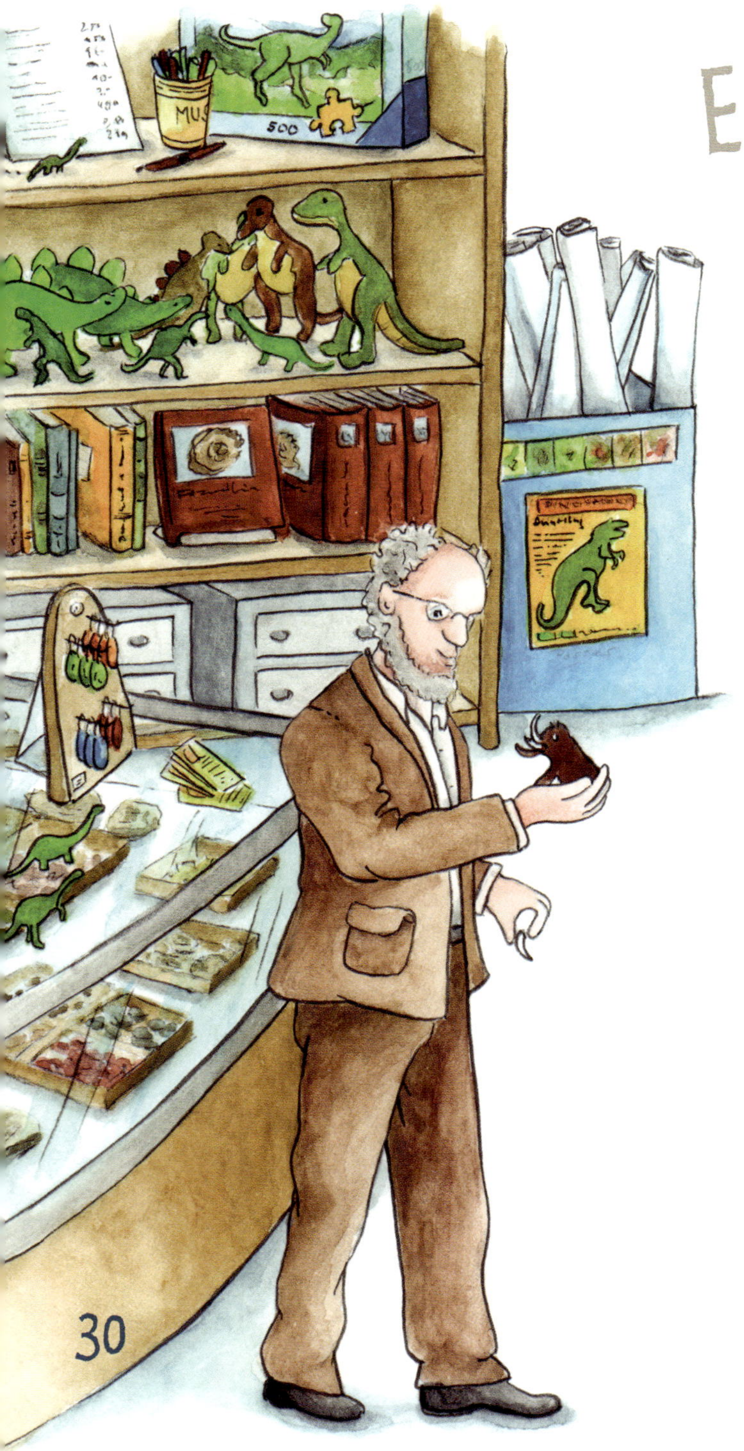

Ein Andenken

„Habe ich mir doch gleich gedacht, dass dieses Ding nichts taugt", meinte der Direktor. „Das Spielzeugtier hat uns eine Firma zur Ansicht geschickt. Eigentlich wollten wir davon mehrere Exemplare in unserem Laden verkaufen. Das machen wir jetzt lieber nicht. Wenn die Stoßzähne so leicht abbrechen, werden sich Eltern und Kinder bestimmt beschweren."

Benni fiel ein riesengroßer Stein vom Herzen. Das Mammut durfte er als Andenken behalten. Dazu gab es Unmengen von Prospekten, Plakaten und Heften. Lisa, Jens und Benni hatten ganz schön zu schleppen. Der Direktor verabschiedete sich von ihnen: „Kommt bald wieder! Euer Referat würde ich gerne lesen!"

„Ich brech zusammen!", stöhnte Jens.

In the shop Benni picked up a small mammoth carved out of wood. The long tusks particularly aroused his interest. Suddenly there was a loud SNAP! and Benni was holding the tusk in his right hand, and the rest of the mammoth in the left. The trouble he was expecting now was far worse than being pursued by a dinosaur skeleton! He wished he could vanish into thin air like water vapourising.

"I didn't think it would be any good when I first saw it!" said the director. "A company sent us this toy animal as a sample. We were planning to sell some of them in our museum shop. But it would be better not to. If the tusks break off so easily, there are bound to be complaints from parents and children alike."
Benni was very relieved. He was allowed to keep the mammoth as a souvenir. And there were heaps of prospectuses, posters and leaflets as well. Lisa, Jens and Benni had quite a lot to lug. The director took leave of them: "Come again soon! I'd love to see your presentation!"
"I'm dropping!" groaned Jens.

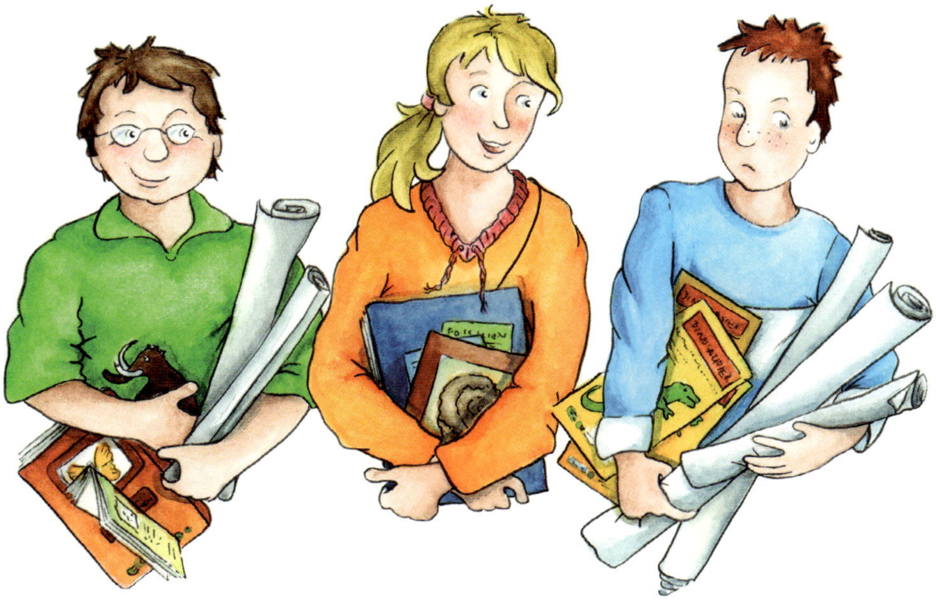

Come again soon!

Wen oder Was gibt es sonst noch im Museum?

Was sind Exponate oder Objekte?

So nennt man alle Stücke, die in einer Ausstellung gezeigt werden.

What are exhibits or objects?

These terms refer to all the items on display in an exhibition.

Was ist eine Leihgabe?

Ein Exponat, das ein Museum einem anderen Museum für eine Ausstellung leiht.

What is an item on loan?

An item on loan is an exhibit, which one museum lends to another for an exhibition.

Was ist eine Sonderausstellung?

Eine Sonderausstellung hat immer ein besonderes Thema, zum Beispiel *Schiffe im Wandel der Zeit* oder *Das Leben der australischen Ureinwohner*, und wird nur eine bestimmte Zeit lang gezeigt. Die Exponate können dem Museum selbst gehören, aber auch geliehen sein. Eine Dauerausstellung besteht dagegen immer oder für eine längere Zeit. Sie enthält hauptsächlich Stücke aus der eigenen Sammlung eines Museums. Eine Wanderausstellung wird nacheinander in mehreren Städten gezeigt.

What is a special exhibition?

A special exhibition is always dedicated to a specific topic, such as *Ships through the ages* or *The life of the Australian Aborigines*. This exhibition is always only held for a certain period of time. The exhibits can belong to the museum itself, but they can also be on loan. By contrast, a permanent exhibition is always on show or for a considerable period of time. It only exhibits items from the museum's own collection. A touring exhibition is one that is held in a number of different towns, one after the other.

Who or what else is there in the museum?

Wozu braucht man ein Magazin?

In Magazinräumen bewahrt ein Museum die Objekte auf, die gerade nicht in einer Ausstellung zu sehen sind. Die Stücke müssen äußerst sicher verwahrt sein. Nur so bleiben sie gut erhalten.

For what do you need a repository?

On the premises of the repository a museum keeps the items that are not currently on display. The items have to be packed with extreme care. This is the only way to make sure they are safely maintained.

Was macht ein Wissenschaftler?

Ein Wissenschaftler trägt viel Wissen zu einem bestimmten Gebiet zusammen, etwa über ägyptische Mumien. Außerdem versucht er durch seine eigene Arbeit als Forscher, neues Wissen auf seinem Interessengebiet zu gewinnen. Im Museum ist der Wissenschaftler auch für die Auswahl von Exponaten für eine Ausstellung zuständig.

What does a scientist do?

A scientist collects knowledge about a certain subject, for example about Egyptian mummies. Through his own work as a research scientist, he also tries to acquire new knowledge about his own specialist subject. At the museum, the scientist is also responsible for selecting the exhibits for an exhibition.

Was macht ein Ausstellungsarchitekt?

Er gestaltet den Ausstellungsraum und legt auch dessen Farbe fest. Der Architekt entscheidet, wo die Vitrinen stehen, wie groß sie sein sollen und wie die Exponate anzuordnen sind

What does an exhibition architect do?

He designs the exhibition premises and specifies the colours to be used. The architect decides where the display cabinets are to stand, how big they are to be and how the exhibits are to be arranged.

Was macht ein Museumspädagoge?

In Führungen und Kursen vermittelt er alles, was man zu den Ausstellungen wissen sollte. Er entwirft zum Beispiel auch Rallyebögen, Arbeitsblätter für Schulen oder schreibt Museumsführer für Kinder. Damit kann man vieles leichter verstehen und sich besser merken.

What does a museum educator do?

A museum educator is the person who holds courses or gives guided tours and tells people everything they need to know about the exhibitions. The educator also designs activity sheets for rallies, working sheets for schools or writes museum guides for children. That way, things are much easier to understand and can be remembered better.

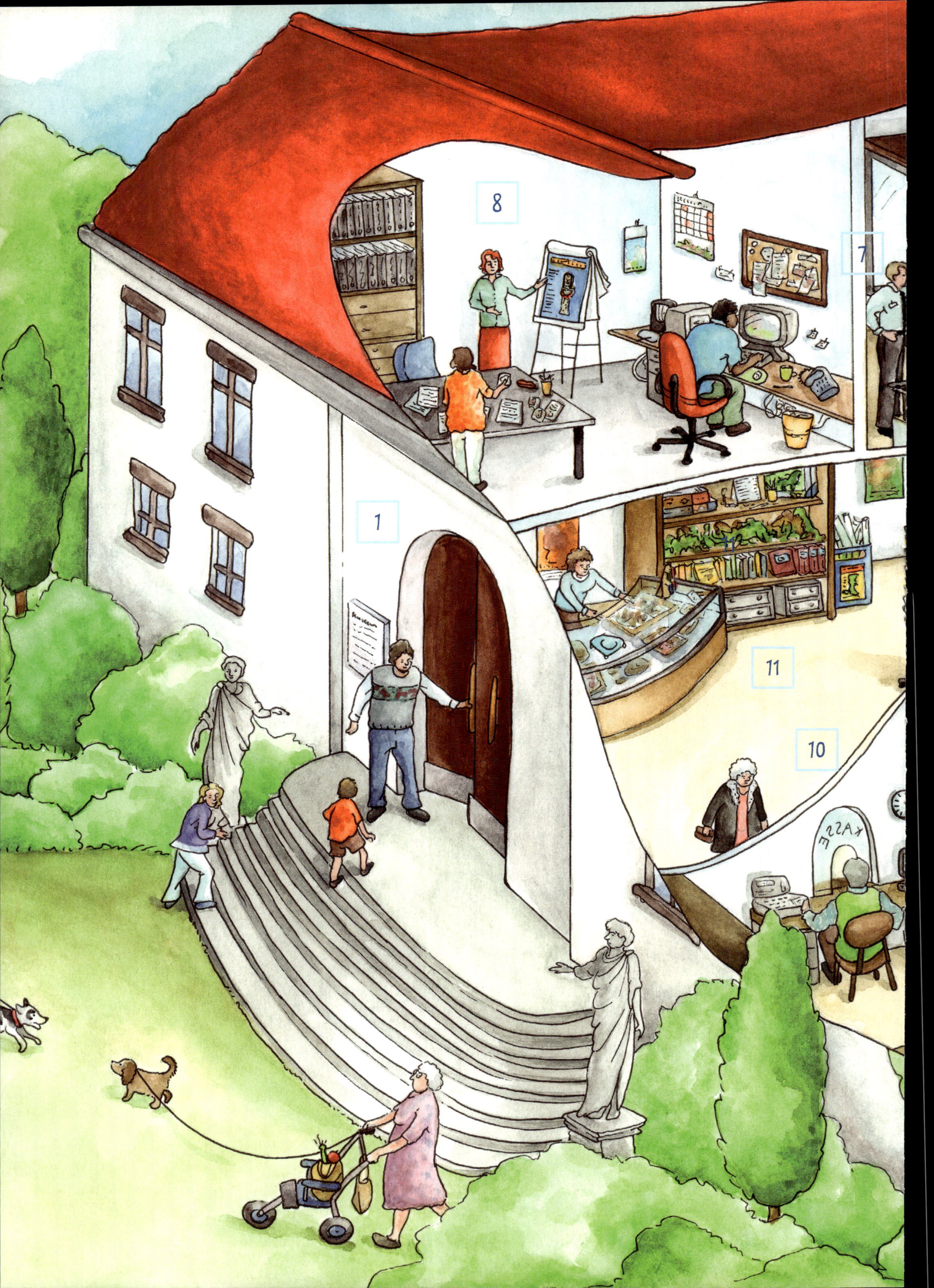
8
7
1
11
10
KASSE

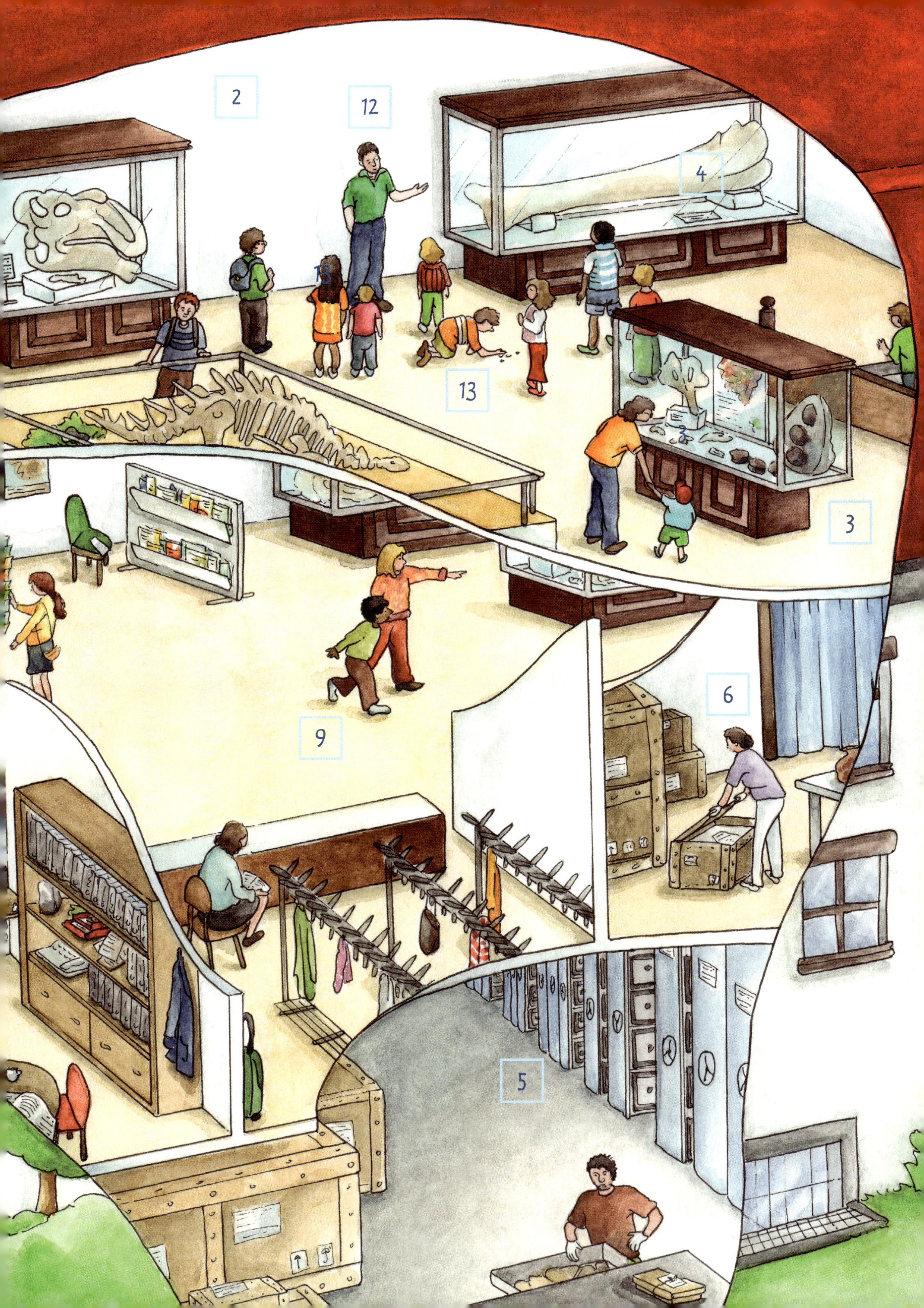
2
12
4
13
3
6
9
5

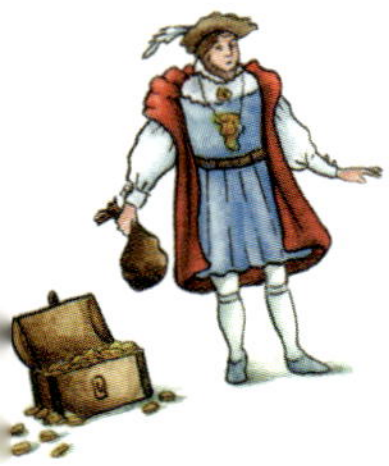

der Sammler
sammeln
selten
die Vergangenheit
wertvoll

das Gemälde
die Keramik
das Kunsthandwerk
die Mode
die Skulptur
das Spielzeug

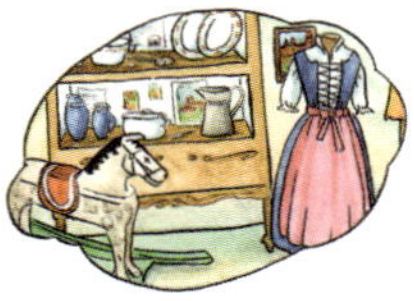

das Museum
das Archäologische Museum
das Automobil-Museum
das Freilichtmuseum
das Kunstmuseum
das Museum für Naturkunde
das Museum für Völkerkunde
das Naturhistorische Museum, 1
das Stadtmuseum
das Technikmuseum

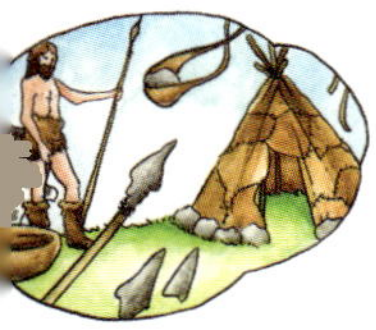

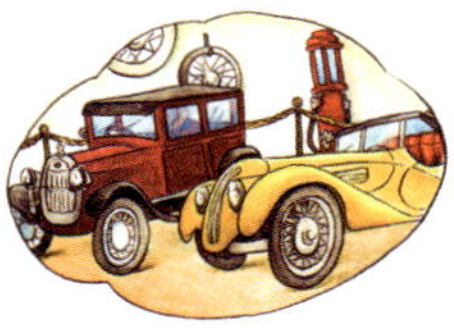

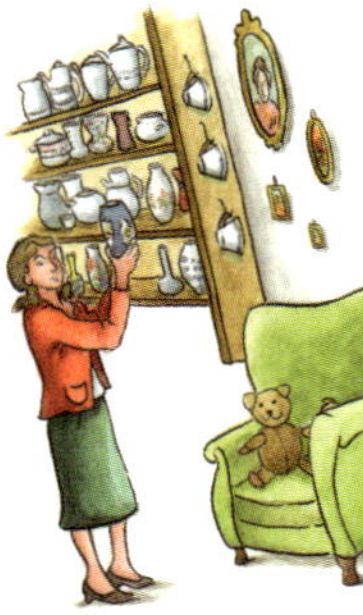

the collector
to collect
rare
the past
valuable

the painting
the ceramics [pl]
the handicraft
the fashion
the sculpture
the toy

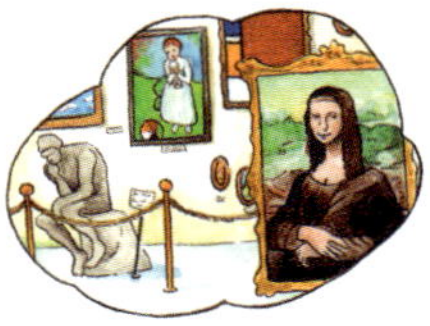

the museum
the archaeology museum
the motor museum
the open air museum
the art museum
the natural science museum
the ethnology museum
the natural history museum, 1
the local history museum
the technology museum

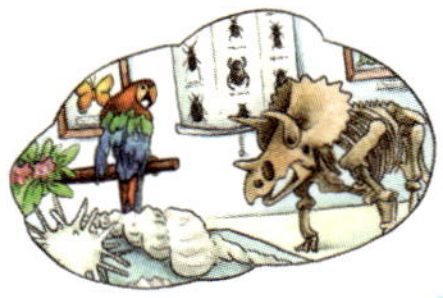

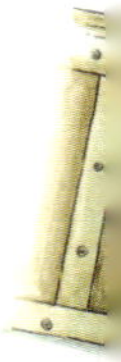

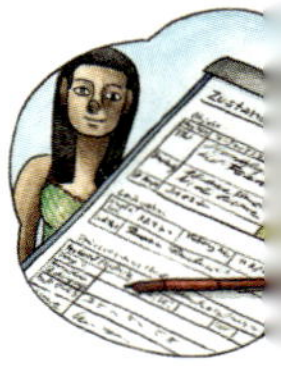

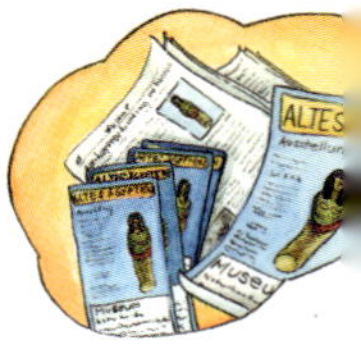

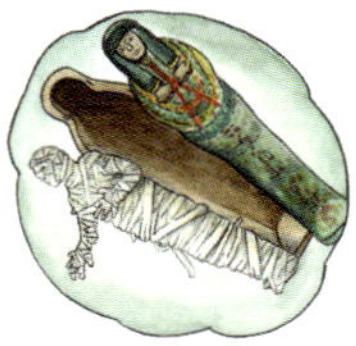

die Ausstellung, 2
ausstellen
eröffnen
die Dauerausstellung
die Sonderausstellung
die Wanderausstellung

der Ausstellungsarchitekt
der Ausstellungsraum
anordnen
gestalten
die Vitrine, 3

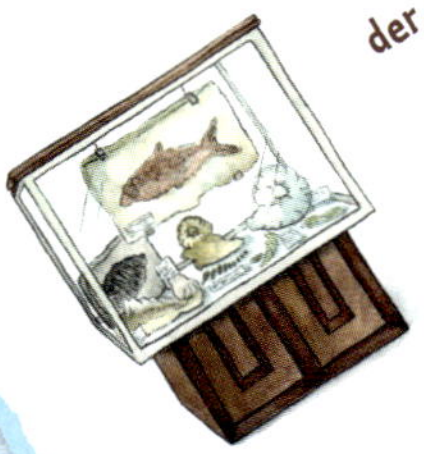

das Ausstellungsstück, 4
ausleihen
das Exponat
die Leihgabe
das Objekt
verleihen

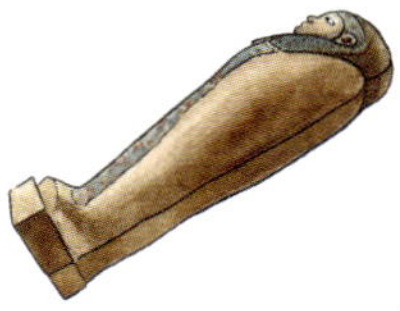

das Magazin, 5
aufbewahren
erhalten
die Sammlung

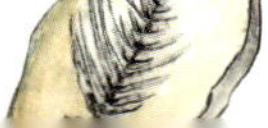

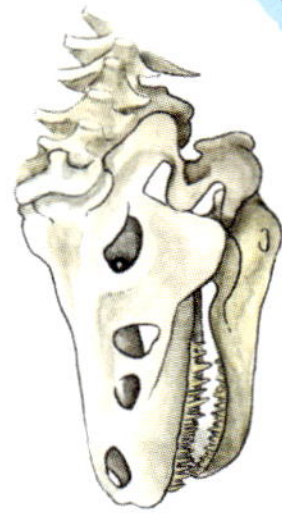

the exhibition, 2
to exhibit or to display
to open
the permanent exhibition
the special exhibition
the touring exhibition

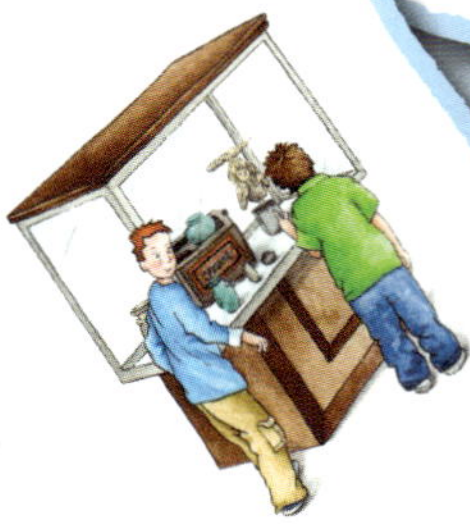

the exhibition architect
the exhibition premises [pl]
to arrange
to design
the display cabinet, 3

the item on display, 4
to borrow sth
the exhibit
the item on loan
the object
to loan sth to sb

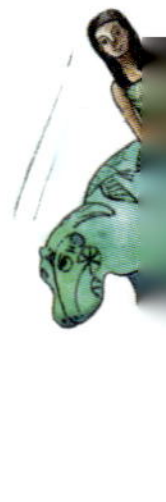

the repository, 5
to keep
to maintain
the collection

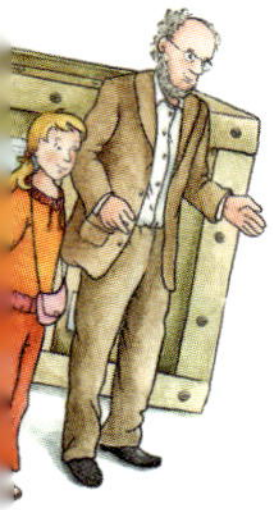

MUSEUMSFÜHRER

MUSEUM GUIDE

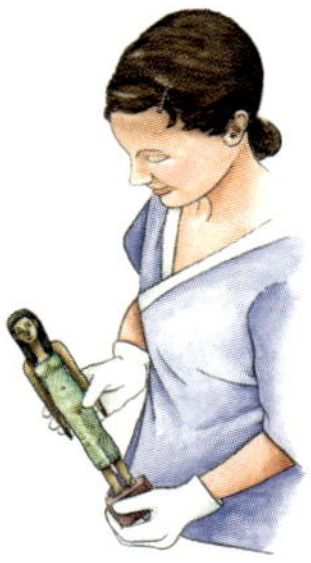

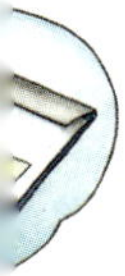

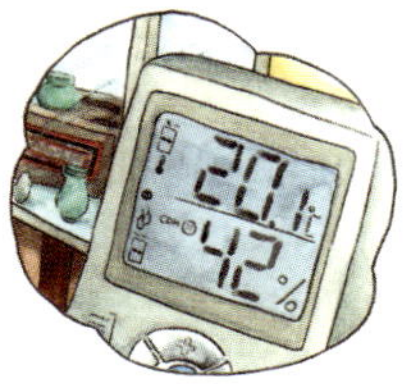

MUSEUMSFÜHRER	MUSEUM GUIDE
der Direktor	the director
auswählen	to select
erforschen	to (do) research
der Forscher	the research scientist
der Wissenschaftler	the scientist
die Restauratorin, 6	the conservator, 6
aufstellen	to place
auspacken	to unpack
der Handschuh	the glove
die Luftfeuchtigkeit	the athmospheric moisture
prüfen	to check
restaurieren	to restore sth
die Temperatur	the temperature
der Zustand	the condition
das Zustandsprotokoll	the status report
der Aufseher, 7	the museum custodian, 7
aufpassen	to look after *or* to watch (over) sth
beschädigen	to damage
stehlen	to steal
die Werbeabteilung, 8	the advertising department, 8
ankündigen	to announce
das Faltblatt	the flyer
die Öffentlichkeit	the public
das Plakat	the poster
die Presse	the press

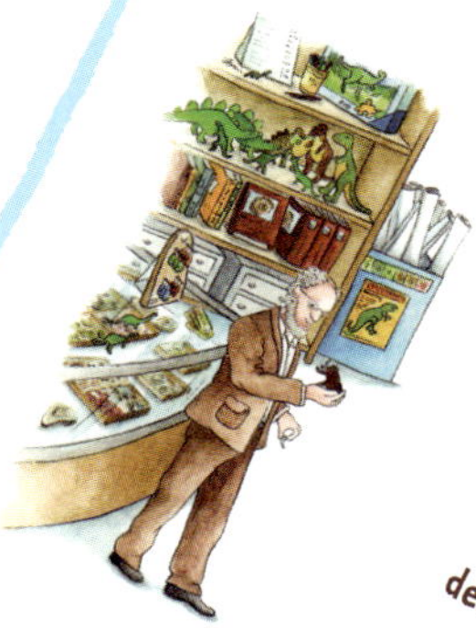

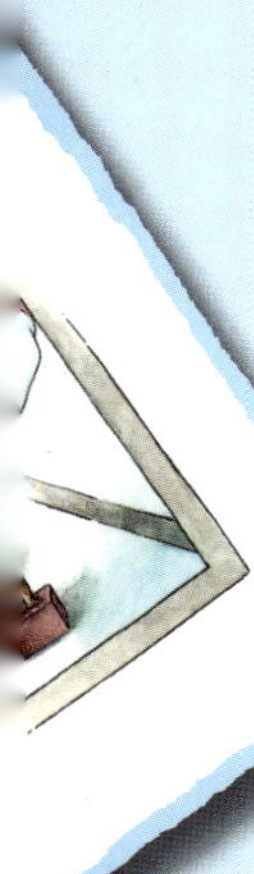

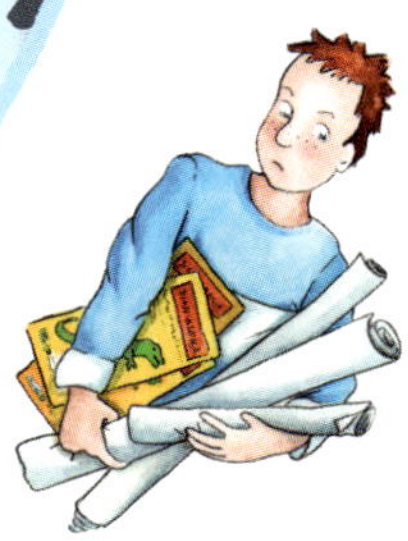

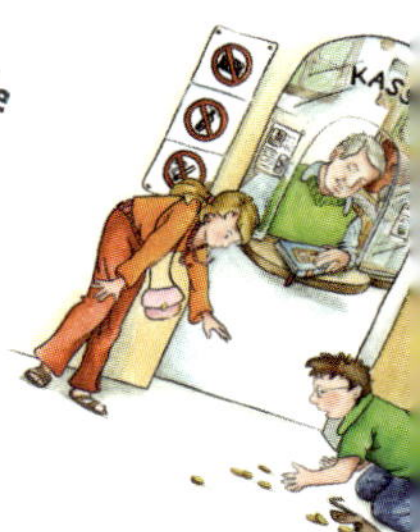

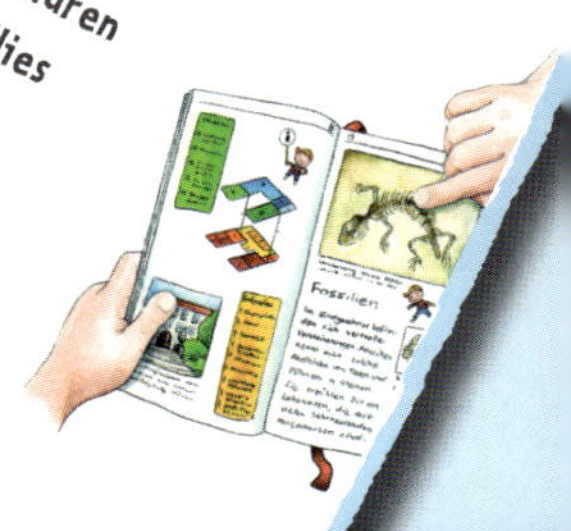

MUSEUMSFÜHRER	MUSEUM GUIDE
der Besucher, 9	the visitor, 9
Eintritt bezahlen	to pay an admission fee
ein Museum besuchen	to visit a museum
die Museumskasse, 10	the museum cash desk, 10
der Museumsladen, 11	the museum shop, 11
die Öffnungszeiten	the opening times *pl*
der Museumsführer	the museum guide
abbilden	to picture
beschreiben	to describe
der Katalog	the catalogue
der Museumspädagoge, 12	the museum educator, 12
das Arbeitsblatt	the working sheet
die Gruppenführung, 13	the guided tour for groups, 13
der Kindermuseumsführer	the museum guide for children
der Rallyebogen	the activity sheet for rallies
vermitteln	to impart knowledge
die Geschichte	the history
das Fach Geschichte	the subject History
das Referat	the presentation *or* the talk
ein Referat haltenn	to give a presentation *or* a talk

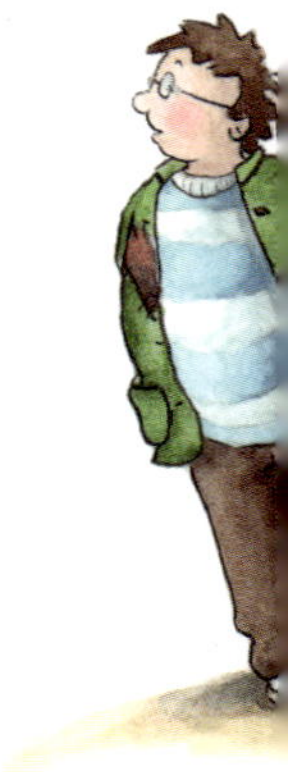

BiLi Zweisprachige Sachgeschichten für Kindergarten- und Grundschulkinder

Warum BiLi?

Fremdsprachen sind in den letzten Jahren immer wichtiger geworden. Heute wird in Deutschland in vielen Familien und Freundeskreisen, in Kindergärten und Schulen mehr als nur eine Sprache gesprochen. Und durch Werbung, Radio oder Fernsehen sind Fremdsprachen für uns und unsere Kinder ohnehin allgegenwärtig.

Die frühe Begegnung mit anderen Sprachen wird in der bilingualen Erziehung gezielt aufgegriffen. Wissenschaftliche Studien weisen darauf hin, dass der Fremdsprachenerwerb im Kindesalter, gerade auch in Kombination mit sachbezogenen Themen, besonders erfolgreich verläuft. Durch den Sprachvergleich entwickeln die Kinder zudem ein besseres Gefühl für die eigene Muttersprache. Schließlich fördert das frühe Lernen mehrerer Sprachen auch die kreativen Fähigkeiten der Kinder. Bilinguale Erziehung eröffnet also vielseitige Chancen.

Was ist BiLi?

Begleitet von Experten: Die BiLis wurden in Zusammenarbeit mit Fachleuten aus der wissenschaftlichen Fremdsprachenpädagogik sowie aus der bilingualen Kindergarten- und Grundschulpraxis entwickelt.

In BiLi verbindet sich die Idee des frühen Fremdsprachenerwerbs mit dem Lernen von Sachinhalten auf optimale Weise: Die zweisprachigen Sachgeschichten sind in übersichtliche, leicht zu erfassende Erzählabschnitte gegliedert. Die entscheidenden Szenen der Geschichte werden in anschaulich-frischen Illustrationen aufgegriffen, wodurch das Textverständnis zusätzlich erleichtert wird. Ein informativer Rundgang – verbunden mit einer zweisprachigen Wörterliste zum Thema – veranschaulicht das ‚erzählte Wissen' im Gesamtkontext und vertieft die vermittelten Sachinhalte durch zusätzliche Begriffserklärungen.

Was will BiLi?

Grundsätzlich sollen die BiLis Kinder an andere Sprachen heranführen, das kindliche Interesse an Fremdsprachen wecken und einen Impuls für deren frühen Erwerb geben. Bei BiLi steht daher nicht das beharrliche Auswendiglernen von fremdsprachigen Vokabeln im Vordergrund, sondern vielmehr ein gleichsam spielerischer Zugang zu einer anderen, neuen Sprache in einem bestimmten Kontext. Zugleich soll die Muttersprache der Kinder, sei sie nun Deutsch oder eine andere Sprache, gestärkt werden. Und den Eltern – gerade auch in mehrsprachigen Familien bzw. in Familien nicht-deutscher Herkunft – geben die BiLis Gelegenheit, gemeinsam mit ihren Kindern eine neue Sprache für sich zu entdecken oder auch Vergessenes wiederaufzufrischen.

Nicht zuletzt sollen die BiLi-Sachgeschichten wissenswerte Sachinhalte aus der Erfahrungswelt und den Interessen der Kinder vermitteln oder sie in neue, spannende Themen einführen. Sie stellen damit eine zugleich sprachliche wie inhaltliche Bereicherung für die Kinder dar!

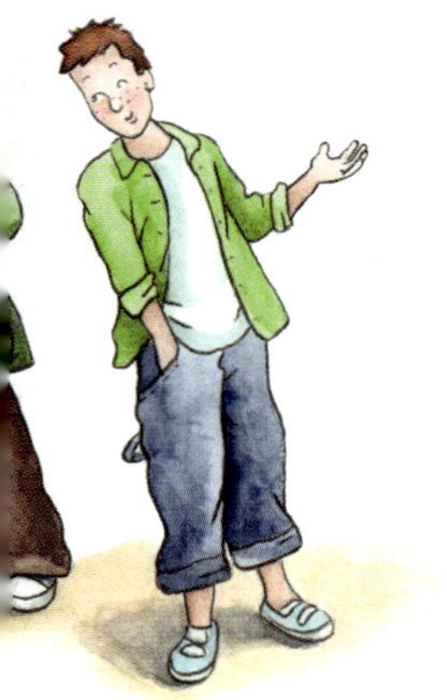

Für wen ist BiLi?

Sowohl Kinder, die zum Beispiel durch ihr Familienumfeld bereits Kenntnisse in mehreren Sprachen mitbringen, als auch solche, die erstmalig mit einer anderen Sprache als ihrer Muttersprache in Berührung kommen, können von BiLi profitieren. Natürlich sind genauso alle Eltern, Erzieher und Grundschulpädagogen angesprochen, die etwas zum frühen Fremdsprachenerwerb ihrer Kinder und Schüler beitragen möchten.

„Es ist total praktisch, dass die Geschichte gleich auf beiden Sprachen parallel zu lesen ist, denn ich weiß manchmal nicht, was manche Dinge auf Englisch bedeuten und dann kann ich es gleich auf der Seite nachlesen. Auch wenn mein Kind nachfragt, muss ich nicht mehr ‚ich weiß es nicht' sagen." – Frau W., Mutter

„Ich habe die Geschichte besser verstanden als andere, weil die Texte zweimal vorgelesen wurden." – Junge, 4. Klasse.
Er verstand den Text besser, weil er manche Wörter in Türkisch besser verstand als in Deutsch und umgekehrt.

Wie wird BiLi eingesetzt?

Im Familienumfeld werden die BiLis vorzugsweise gemeinsam gelesen, können aber von älteren Kindern durchaus auch zum ‚Selbststudium' verwendet werden.

In Grundschulen werden Kinder mit anderen Muttersprachen zu Sprachmittlern für ihre Mitschüler und Lehrer. Hier können die BiLi-Bücher sowohl im Fremdsprachen- als auch im (Immersions-) Sachunterricht eingesetzt werden.

Darüber hinaus sollen die „Sachgeschichten zur Kultur" Schüler und Lehrer dazu anregen, durch Schulausflüge und themenbezogene Projekttage kulturelle Einrichtungen für sich zu entdecken, und Möglichkeiten der Freizeitgestaltung aufzeigen. Die BiLi-Bücher können dabei zur Vor- und Nachbereitung von Tagesausflügen an Schulen sowie auch in diversen DaZ-Förderprogrammen verwendet werden.

Schließlich eröffnen bilinguale Projekte im Grundschulbereich die Gelegenheit, Eltern und ältere Geschwister in die Arbeit mit den jüngeren Kindern einzubeziehen. Aus solchen interkulturellen Projekten entstehen oft ganz neue Partnerschaften zwischen Eltern und Schulen.

In Bibliotheken führen die zweisprachigen BiLi-Bücher – etwa durch einen Lesenachmittag in Kooperation mit einer Grundschule – große und kleine Leser deutscher und nicht-deutscher Herkunft nicht nur an die jeweils andere Sprache heran, sondern leisten einen grundlegenden Beitrag zur allgemeinen Leseförderung.

BiLi – Sachgeschichten zur Kultur

Wir gehen ins Theater

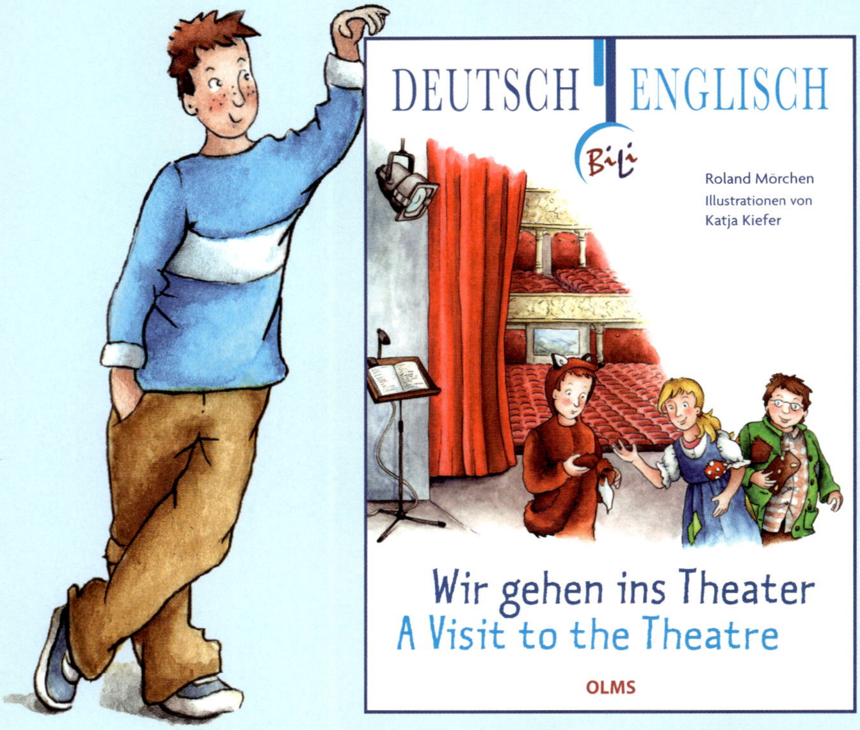

Wir gehen ins Theater
A Visit to the Theatre
ISBN 978-3-487-08834-1

Wir gehen ins Theater
Vamos al teatro
ISBN 978-3-487-08835-8

KOLLEKTION **OLMS junior**

Ab 8 Jahre

Theater spielen! Wer hat nicht schon einmal davon geträumt? Mit ihrer Schulklasse führen Lisa, Jens und Benni das Märchen *Hänsel und Gretel* auf und dürfen dabei auf einer echten Bühne stehen. Ein spannender Ausflug hinter die Kulissen eines Theaters, der die Kinder die vielfältige Arbeit auf, neben und unter der Bühne miterleben lässt.

Tier-Sachgeschichten

Ab 4 Jahre. Deutsch mit je einer Fremdsprache.

Englisch

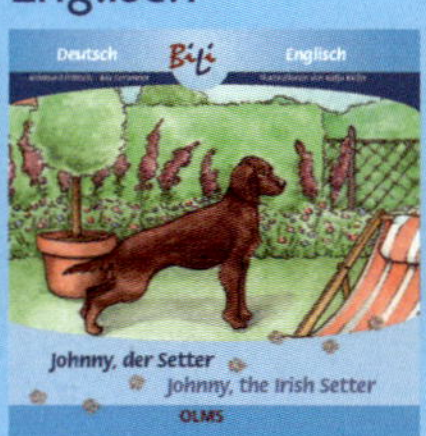

Französisch

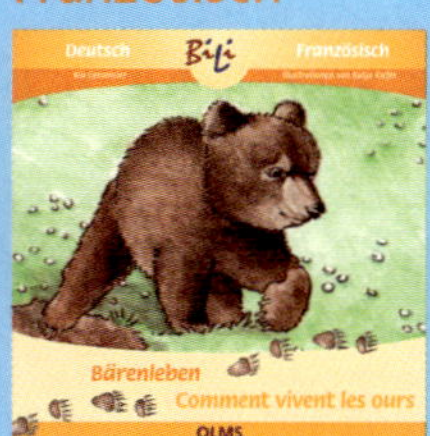

Polnisch

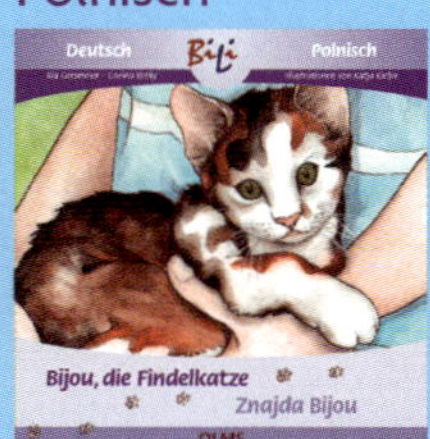

Russisch

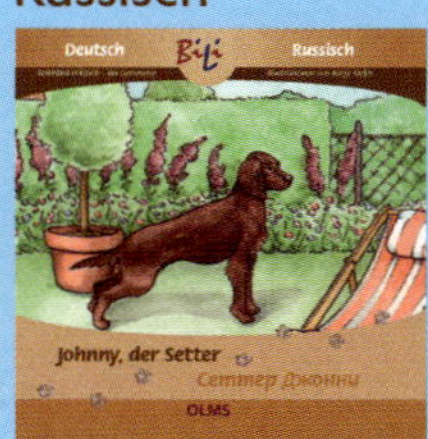

Spanisch

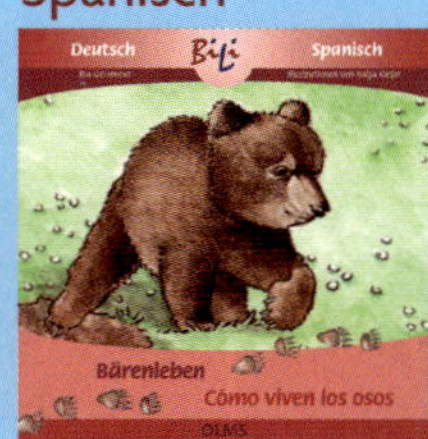

Türkisch

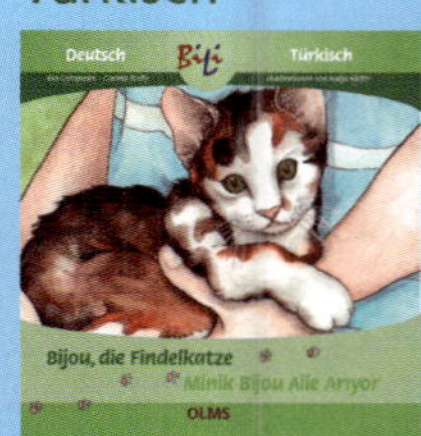

KOLLEKTION **OLMS junior** Georg Olms Verlag • Hagentorwall 7 • 31134 Hildesheim • Germany • www.olms-junior.de

Jens

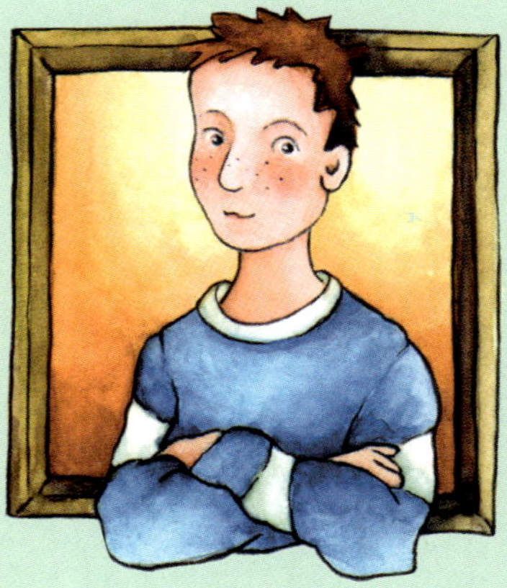

can be obstinate at times, but he can put his mind to it if it matters to him.

Lisa

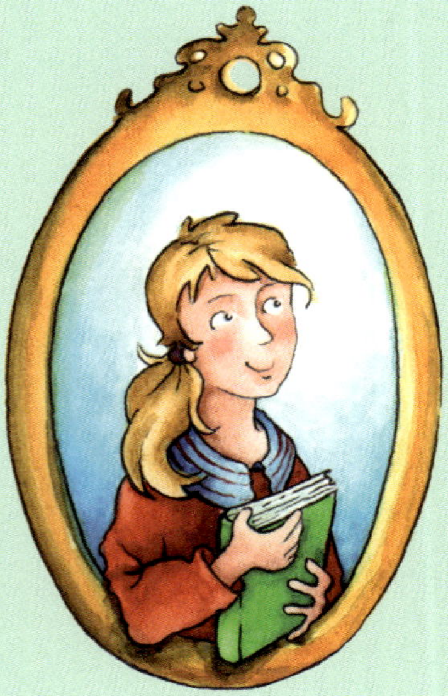

likes to display everything she can do – and she is also the very best friend to have.

Benni

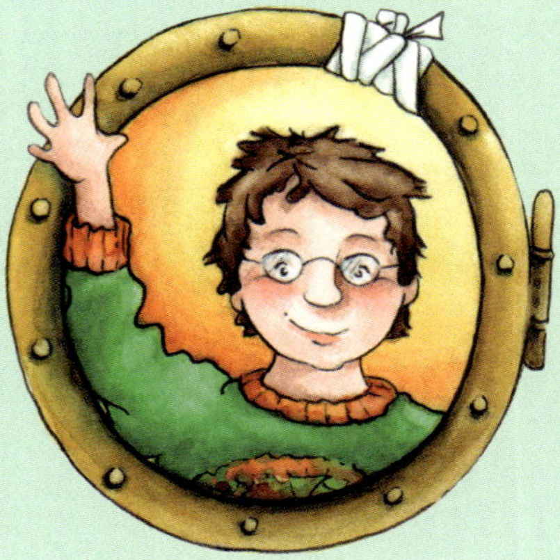

is sometimes rather clumsy, but he is always in a good mood.